MWY O RYSEITIAU ENA

ENA THOMAS

Lluniau:
JOHN EVANS, QUASAR

Darluniau:
RHIAN NEST JAMES

HUGHES

Argraffiad cyntaf: Gorffennaf 1996

ISBN 0 85284 180 9

Dymuna'r cyhoeddwyr gydnabod cymorth
Adrannau Cyngor Llyfrau Cymru.

Cysodwyd ac argraffwyd gan
Wasg Dinefwr, Heol Rawlings,
Llandybïe, Sir Gaerfyrddin.

Cyhoeddwyd gan Hughes a'i Fab,
Parc Tŷ Glas, Llanisien, Caerdydd CF4 5DU.

CYNNWYS

Rhagair 7

Cyrsiau Cyntaf 9
Salad Tomato, Ciwcymber a
  Chaws Caerffili 11
Ham Caerfyrddin â
  Chymysgedd o Ffrwythau 12
Melon mewn Saws Sinsir 13
Cawl Cynhaeaf 14
Mousse Eog 15
Pupur Rhost â Llenwad o
  Fadarch 16
Cawl Poeth a Bara Crwn 17
Tomatos wedi'u llenwi 19
Salad Madarch a Chennin 20
Cawl Cennin a Thatws 21

Pysgod 23
Sewin Afon Teifi yn y
  Badell 25
Wystrys (*Oysters*) gyda Saws
  Pupur Coch 26
Brithyll â Llenwad o Berlysiau
  a Chnau 27
Teisennau Pysgod 28
Crymbl Tiwna 29
Eog mewn Saws Caws 30
Pastai Cocos, Tatws a Chennin
  mewn Saws Gwin 31
Mousse Eog a Brithyll 32
Ffiledi Penfras (*Cod*) wedi'u
  Llenwi 34
Brithyll wedi'u Llenwi 36

Prydau Llysieuol 37
Crempog/Ffroes/*Crêpes* 39
Fflaniau Llysiau Haf 40
Rhost Cnau 41
Cyri Llysiau Syml 42
Cennin ac Wyau mewn
  Saws Caws 43
Pastai Ffilo Stilton a Llugaeron
  (*Cranberries*) 44
Couscous yr Haf 45
Teisennau Tatws, Cennin
  a Phannas 46
Tatws Sbeislyd 47

**Porc, Cyw Iâr, Cig Oen a
  Chig Eidion** 49
Hotpot Porc ar gyfer y Gaeaf 51
Pastai Cennin, Pannas a
  Chig Moch 52
Ham Mêl â Saws
  Ffrwythau 53
Cyw Iâr Oren a Mêl 55
Cyw Marengo 56
Brest Cyw Iâr wedi'i
  Stwffio mewn Saws Gwin 57
Golwython Cig Oen
  wedi'u Llenwi 59
Tynerlwyn (*Tenderloin*)
  Cig Oen â Saws Llugaeron
  ac Afalau 60
Cig Oen Poeth â
  Reis Pilaff 61
Byrgers Cig Oen Cyflym 63

Ffiled Cig Eidion ar	
Croutons Mwstard	64
Ffiled o Stec â Saws Hufen	65
Caserol Nadolig Sbeislyd	66

Anrhegion Ena 67

Hufen Iâ Mefus	69
Mayonnaise	70
Cryntsh Ffrwythau a Siocled	72
Ceuled Lemwn	
(*Lemon Curd*)	73
Peli Rwm Nadolig	74
Briwfwyd (*Mincemeat*)	
â Brandi	75
Piclo	76
Eirin Gwlanog/Gellyg/	
Pêr wedi'u Piclo	76
Winwns wedi'u Piclo	76
Wyau wedi'u Piclo	77
Bresych Coch Sur	
wedi'u Piclo	77
Betys (Beetroot) *wedi'u*	
Piclo	77
Marmalêd Triffrwyth	78

Helgig – Gŵydd, Hwyaden
Ffesant, Galini a
Chig Carw 81

Gwledd Gŵydd â Llenwad	
o Fricyll (*Apricots*)	83
Terrine Hwyaden a Llugaeron	
(*Cranberries*)	84
Brestiau Hwyaden a Saws	
Afalau, Eirin a Mêl	85
Galini (*Guinea Fowl*) â	
Grawnwin a Gwin Madeira	86
Ffesant Nadolig	87
Selsig Cig Carw a	
Ffriad Pupur	88

Bara a Theisennau 89

Bara Gwyn neu	
Frown Sylfaenol	91
Bara Cig Moch a	
Pherlysiau	93
Crwst Pwff	94
Sleisiau Hufen a Mefus	95
Sgoniau Melys	
Cymysgedd Sylfaenol	96
Sgoniau Bricyll a Chnau	
Ffrengig (Walnuts)	96
Sgoniau Ceirios	96
Sgoniau Sawrus	
Cymysgedd Sylfaenol	97
Pizza	98
Topins Pizza	99
Ham Caerfyrddin, Cennin	
a Grawnwin	99
Llysieuol	99
Bwyd y Môr	100
Salami a Phinafal	100
Pice Bach Ena	101
Tarten Afalau Wahanol	102

Pwdinau 103

Rholyn Siocled y	
Goedwig Ddu	105
Teisen *Meringue* â	
Saws Mafon	106
Pwdin Bricyll Siocled	107
Tarten Mefus Ffilo	108
Pwdin Nadolig Siocled	
i'r Plant	109
Pwdin Triog	110
Tiramisù Ena	111

RHAGAIR

Does dim dwywaith fod eitemau coginio Ena Thomas ar y rhaglen *Heno* ar S4C yn uchafbwynt gwylio i filoedd o wylwyr bob wythnos. Profwyd hyn gan werthiant syfrdanol ei chyfrol gyntaf o ryseitiau, a gyhoeddwyd gyntaf ym mis Rhagfyr 1995. Sawl argraffiad yn ddiweddarach, penderfynwyd lansio'r ail gyfrol hon er mwyn bwydo cynulleidfa frwd Ena unwaith eto! Mae diolch mawr i bawb sy'n gweithio ar *Heno*, yn ogystal â 'ffans' Ena ym mhob man.

Ganwyd a magwyd Ena Thomas yn Felindre, ger Abertawe, ac aeth i astudio Rheoli/Dysgu Gwestai ac Arlwyo yn Llundain yn 17 oed. Roedd ei mam a'i mam-gu wedi ymddiddori mewn coginio erioed a dilynodd Ena eu diddordeb nhw. Ar ôl gorffen yn y coleg, gweithiodd Ena am rai blynyddoedd yn adain breifat Adran Arlwyo Ysbyty Coleg Prifysgol Llundain, a hyfforddwyd hi ymhellach gan Mr P. H. Venning, a ddaeth yn swyddog arlwyo ar long y QEII.

Ym 1965 dechreuodd Ena ddysgu coginio i Awdurdod Addysg Dyfed mewn nifer fawr o ganolfannau Addysg Oedolion, a gwnaeth hyn am 30 mlynedd cyn ymddeol. Dros y blynyddoedd hynny, roedd hi'n westai poblogaidd mewn cymdeithasau, yn gwneud dangosiadau ymarferol o'i ryseitiau. Ers iddi ymddangos ar *Heno* ar S4C mae pobl wedi bod yn ffonio Agenda, y cwmni cynhyrchu, yn gyson i ofyn am ei ryseitiau.

Mae Ena yn byw yng Nghaerfyrddin gyda'i gŵr, Geoff. Mae ganddi ddau fab a phump o wyrion, a phan fo ganddi amser sbâr rhwng gwneud ymddangosiadau personol mae hi'n hoff o wnïo a … choginio!

CYRSIAU CYNTAF

SALAD TOMATO, CIWCYMBER A CHAWS CAERFFILI

Cynhwysion

Y Salad
450g/pwys o domatos mawr
ciwcymber mawr
450g/pwys o gaws Caerffili
1 dorth o fara Ffrengig

Y Saws
6 llwy ford o olew olewydd
3 llwy ford o finegr gwin
1 clof o arlleg wedi'i wasgu
1 llwy ford o bersli wedi'i falu

Dull

- Torrwch y tomatos a'r ciwcymber yn dafelli tenau.

- Torrwch y caws yn dafelli a gosodwch dafelli o domato, ciwcymber a chaws ar blât.

- Malwch y garlleg a'i gymysgu'n drwydadl gyda chynhwysion eraill y saws.

- Arllwyswch y saws dros y tomato, y ciwcymber a'r caws.

- Gweinwch â bara Ffrengig twym.

> **TIP: Mae'r salad hwn yn ddelfrydol fel swper blasus ar noson o haf.**

HAM CAERFYRDDIN Â CHYMYSGEDD O FFRWYTHAU

Dyma brunch *hyfryd i'r haf, hawdd ei wneud a nefolaidd i'w fwyta.*

Cynhwysion
1 melon Galia bach
4 *passion fruit*
115g/4 owns o rawnwin heb hadau
115g/4 owns o ham Caerfyrddin, wedi'i sleisio'n denau
pupur du wedi'i falu'n ffres i flasu
115g/4 owns o fafon ffres neu wedi'u rhewi
persli i addurno

Dull
- Torrwch y melon yn ddau gan dynnu'r hadau; torrwch yn dafelli.

- Torrwch y *passion fruit* yn chwarteri.

- Ar blât mawr, gosodwch yr ham wedi'i blygu ar hyd un ochr.

- Gosodwch y ffrwythau ar y plât o gwmpas yr ham – gallwch fod mor artistig ag y dymunwch!

- Gwasgarwch y pupur du ffres ar yr ham.

- Addurnwch â phersli.

MELON MEWN SAWS SINSIR

Roedd hwn yn rhan o fwydlen Dydd Gŵyl y Mamau. Mae'n syml i'w wneud ac yn flasus a lliwgar.

Cynhwysion
1 melon Galia
1 melon Cantaloupe
225g/8 owns hylif o iogwrt plaen
4 llond llwy de o sirop sinsir
2 ddarn o wreiddyn sinsir mewn sirop, wedi'u torri'n fân
pinsiad o nytmeg
cennin syfi *(chives)* i addurno

Dull
- Hanerwch y melonau, yna tynnwch yr hadau gan ddefnyddio llwy de fach neu lwy gron melon.

- Gwnewch beli o'r melon â llwy gron melon a rhowch nhw mewn dysgl.

- Cymysgwch y gwreiddyn sinsir gyda'r iogwrt, y sirop a'r nytmeg.

- Arllwyswch dros y melon ac addurnwch â chennin syfi.

> **TIP: Gallwch baratoi hwn mewn dysglau unigol neu mewn dysgl fawr – mae'n arbennig o effeithiol mewn dysgl wydr.**

CAWL CYNHAEAF

Cynhwysion

25g/2 owns o fenyn
450g/pwys o foron, wedi'u pilio a'u torri'n giwbiau
1 winwnsyn wedi'i bilio a'i sleisio
2 daten wedi'u pilio a'u torri'n giwbiau
1 pupur coch ac 1 pupur gwyrdd, heb yr hadau ac wedi'u torri'n
    ddarnau bach
50g/2 owns o gorbys *(lentils)*
halen a phupur
1 ddeilen lawryf *(bay leaf)*
40g/owns a hanner o flawd plaen
150ml/chwarter peint o ddŵr
450ml/tri chwarter peint o stoc neu ddŵr
100g/4 owns o gaws Cheddar wedi'i ratio
persli i addurno

Dull

- Toddwch y menyn a ffriwch yr holl lysiau nes eu bod nhw'n feddal.

- Ychwanegwch y tri chwarter peint o stoc neu ddŵr, y corbys, yr halen a'r pupur, a'u mudferwi am hanner awr.

- Cymysgwch y blawd â'r chwarter peint o ddŵr ac yna ychwanegu at y cawl. Trowch yn dda nes i'r cawl dewhau.

- Ychwanegwch y caws a'r persli at y cawl gan droi'r cawl nes bod y caws wedi toddi. Arllwyswch i mewn i bowlen weini.

- Gweinwch â *croutons* neu Fara Cig Moch a Pherlysiau (gw. tud. 93).

MOUSSE EOG

Cynhwysion
1 tun 418g/14 owns o eog coch
175g/6 owns o mayonnaise
175g/6 owns o *fromage frais*
2 lwy ford o frandi
halen a phupur
175g/6 owns o *crème fraîche*
pinsiad o bupur cayenne
ychydig ddiferion o saws tabasco
sudd lemwn

Dull
- Draeniwch yr eog a rhowch mewn prosesydd bwyd gyda'r holl gynhwysion eraill.

- Proseswch nes bod y gymysgedd yn hufennaidd.

- Profwch i weld a oes angen mwy o bupur, halen neu saws.

- Rhowch mewn dysglau ramecin unigol.

- Gweinwch â thost Melba, neu â letys a thomato.

> **TIP: Mae hwn yn rhewi'n dda ar gyfer y Nadolig.**
> **Tynnwch allan o'r rhewgell 2 awr cyn gweini.**

PUPUR RHOST Â LLENWAD O FADARCH

Cynhwysion

2 bupur coch mawr
450g/pwys o domatos ffres
2-3 chlof o arlleg wedi'u gwasgu
1 winwnsyn wedi'i dorri'n fân
2 lwy ford o olew olewydd
25g/owns o siwgr Muscavado
halen a phupur
1 llwy ford o *purée* tomato

50g/2 owns o fadarch
50g/2 owns o blu almwns
 (flaked almonds)
1 llwy ford o fintys wedi'i
 dorri'n fân
50g/2 owns o gig moch wedi'i
 goginio a'i dorri'n fân
50g/2 owns o gaws *Parmesan*

Dull

- Torrwch y ddau bupur yn eu hanner ar eu hyd, a thynnwch y canol a'r hadau. Rhowch nhw mewn tun pobi.

- Rhowch y tomatos mewn dŵr berwedig am 2 i 3 munud, tynnwch y croen a'u torri yn eu hanner gan dynnu'r hadau allan. Torrwch y tomatos yn fân.

- Torrwch y madarch yn ddarnau a'u ffrio'n gyflym mewn saim twym gyda'r winwnsyn, y garlleg a'r cig moch a chymysgwch yn dda. Ychwanegwch y tomatos wedi'u torri'n fân a'r *purée* a chymysgwch eto. Ychwanegwch yr almwns, y siwgr a'r mintys at y gymysgedd.

- Llenwch y ddau bupur â'r gymysgedd. Pobwch yn y ffwrn am chwarter awr ar dymheredd 200C/400F/Nwy 6.

- Addurnwch ag ychydig o letys.

> *TIP: Pryd blasus dros ben i lysieuwyr os tynnwch y cig moch ac ychwanegu 2 owns o gnau o'ch dewis wedi'u torri'n fân, nid eu malu.*

CAWL POETH A BARA CRWN

Beth all fod yn well ar ddiwrnod oer na Chawl Poeth gyda bara twym â blas caws?

Cynhwysion
Y Cawl
1 genhinen wedi'i sleisio
1 winwnsyn wedi'i sleisio
1 foronen wedi'i thorri'n giwbiau
1 goes o seleri wedi'i thorri'n fân
1 pupur coch
115g/4 owns o fresych wedi'u torri'n stribedi mân
1 tun 400g/14 owns o domatos wedi'u torri'n ddarnau
1 llwy ford o finegr gwin gwyn
1 llwy ford o siwgr Demerara
400g/14 owns o ffa menyn *(butter beans)*
ychydig ddiferion o saws *chilli*
2 glof o arlleg wedi'u gwasgu
1 llwy ford o olew olewydd
750ml/peint a hanner o stoc lysiau
25g/owns o gaws *Parmesan* i bob person
2 lwy ford o berlysiau wedi'u torri'n fân (basil, coriander, persli)

Y Bara
1 dafell o fara heb y crwstyn i bob person (torrwch yn gylchoedd i ffitio'r dysglau cawl unigol)
50g/2 owns o fenyn
1 clof o arlleg wedi'i wasgu

Dull
- Paratowch y llysiau fel uchod.

- Cynheswch yr olew mewn padell fawr a ffriwch yr winwnsyn, y genhinen, y foronen a'r seleri, a'u coginio am 5 munud.

- Ychwanegwch y tomatos, y garlleg, y finegr, y siwgr, y saws *chilli* a'r stoc. Cynheswch y gymysgedd at dymheredd berwi, yna'i fudferwi am chwarter awr.

- Nawr ychwanegwch y bresych a'r ffa menyn, a'u coginio am bum munud arall, nes bod y cawl yn hyfryd o drwchus. Ychwanegwch halen a phupur i flasu.

- I wneud y bara caws, toddwch y menyn a chymysgwch y garlleg i mewn iddo.

- Taenwch y menyn garlleg dros y bara a gwasgarwch y caws drosto. Rhowch y cylchoedd yn y ffwrn i grasu am 10 munud ar dymheredd 200C/400F/Nwy 6.

- Gosodwch gylch o fara ar ben pob dysglaid o gawl a gweinwch gyda'r perlysiau.

TOMATOS WEDI'U LLENWI

Dyma bryd sawrus i'r haf, yn ddelfrydol fel cwrs cyntaf neu ginio ysgafn.

Cynhwysion

4 tomato mawr	halen a phupur
3 sibwnsen (*spring onion*) wedi'u torri'n ddarnau	1 llwy ford o *purée* tomato
	255g/8 owns o *couscous*
2 gylch o binafal wedi'u torri'n ddarnau	275ml/hanner peint o sudd pinafal
115g/4 owns o ham Caerfyrddin, neu gyw iâr neu dwrci wedi'i goginio	4 tafell o fara
	25g/owns o fenyn
1 llwy ford o fasil ffres wedi'i dorri'n fân	1 llwy de o berlysiau cymysg
	50g/2 owns o gaws *Parmesan* wedi'i ratio
Clof o arlleg wedi'i wasgu	

Dull

- Torrwch bennau'r tomatos, tynnwch yr hadau a'r craidd. Rhowch y tomatos mewn dysgl ffwrn.

- Berwch y sudd pinafal a'i arllwys dros y *couscous* mewn powlen. Gorchuddiwch a'u gadael am ddeng munud nes i'r *couscous* amsugno'r holl sudd a throi'n feddal-ysgafn.

- Ychwanegwch yr ham, y sibwns, y pinafal, y *purée* tomato, y garlleg a'r basil at y *couscous*. Ychwanegwch halen a phupur a chymysgu'n dda.

- Llenwch y tomatos â'r *couscous*, taenwch y caws *Parmesan* drost-ynt a'u rhoi yn y ffwrn am ddeng munud ar dymheredd 200C/400F/Nwy 6.

- I wneud y *croutons*, brwsiwch y tafellau o fara gyda'r menyn wedi'i doddi a sgeintio'r perlysiau arnynt cyn eu rhoi o dan y gril neu mewn padell ffrio *non-stick* nes iddynt droi'n euraidd.

- Gweinwch y tomatos ar y *croutons*, gan arllwys ychydig o sudd tomato o'u cwmpas a'u haddurno â berw dŵr *(watercress)*.

SALAD MADARCH A CHENNIN

Cynhwysion
450g/pwys o gennin ifanc
2 lwy ford o olew olewydd
225g/8 owns o fadarch
6 llwy ford o win gwyn
1 llwy ford o bersli wedi'i dorri'n fân
1 llwy ford o gennin syfi *(chives)*
1 clof o arlleg wedi'i wasgu
115g/4 owns o eog wedi'i fygu
halen a phupur

Dull
- Twymwch yr olew mewn padell fawr, ychwanegwch y madarch a'r garlleg a'u coginio am 2-3 munud.

- Ychwanegwch y gwin a'r cennin a'u coginio nes bod y gwin wedi lleihau.

- Tynnwch y gymysgedd o'r gwres a throwch y persli a'r cennin syfi i mewn iddo. Ychwanegwch halen a phupur i flasu.

- Rhowch y gymysgedd ar blât bach, gan osod stribedi o eog wedi'i fygu drosto.

- Gweinwch gyda bara Ffrengig twym.

> **TIP: Os nad ych chi'n bwyta pysgod, torrwch gaws Teifi (neu unrhyw gaws) dros y salad.**

CAWL CENNIN A THATWS

Cynhwysion
2 genhinen fawr
1 winwnsyn
50g/2 owns o fenyn
450g/pwys o datws
570ml/1 peint o stoc cyw iâr
halen a phupur
225ml/8 owns hylif o hufen dwbl ffres
cennin syfi *(chives)* neu ferw dŵr *(watercress)* i addurno
1 dorth o fara Ffrengig

Dull
- Glanhewch y llysiau a'u torri'n fân.

- Toddwch y menyn mewn padell fawr a ffriwch yr winwnsyn yn ysgafn am funud.

- Yna ychwanegwch y cennin, y tatws, y stoc a'r halen a phupur. Cynheswch nhw at dymheredd berwi a'u mudferwi am ugain munud.

- Defnyddiwch brosesydd bwyd neu ridyll *(sieve)* i droi'r cawl yn *purée*.

- Cyn gweini, ychwanegwch yr hufen a'i ail-dwymo ychydig *(heb ei ferwi)*.

- Addurnwch â chennin syfi, a gweinwch â thafelli o fara Ffrengig.

PYSGOD

SEWIN AFON TEIFI YN Y BADELL

Cynhwysion
4 ffiled 175gm/6 owns o sewin
1 clwstwr o sibwns (*spring onions*)
2 lwy ford o olew olewydd
1 llwy ford o fenyn
halen a phupur
300ml/hanner peint o win gwyn sych
sudd 1 lemwn
50g/2 owns o gig moch wedi'i fygu

Dull
- Tynnwch unrhyw esgyrn o'r ffiledau.

- Taenwch bupur a halen a sudd lemwn drostynt.

- Cynheswch yr olew a'r menyn mewn padell, ychwanegwch y ffiledau a'u ffrio'n ysgafn am funud bob ochr.

- Ychwanegwch y cig moch, y sibwns a'r gwin, eu cynhesu at dymheredd berwi a'u coginio am funud.

- Gweinwch ar wely o lysiau ffres a thatws wedi'u ffrio.

WYSTRYS *(OYSTERS)* GYDA SAWS PUPUR COCH

Mae tymor wystrys yn ymestyn o Fedi i Ebrill. Maent ar eu gorau yn oer ac yn amrwd, fel cwrs cyntaf gyda lemwn a saws tabasco.

Cynhwysion
20 o wystrys
1 pupur coch
150ml/chwarter peint o olew olewydd
2 lwy de o sinsir newydd ei ratio
1 llwy ford o dil wedi'i dorri'n fân
2 lwy de o hufen sur *(soured cream)*

Dull
- Glanhewch y barfau oddi ar yr wystrys.

- Agorwch bob un gan gadw'r sudd, a thynnu'r wystrys allan o'u cregyn.

- Glanhewch y cregyn yn dda a'u gosod ar blât gweini.

- Potsiwch *(poach)* yr wystrys yn eu sudd am 3 munud a'u rhoi naill ochr.

- Hanerwch y pupur a thynnwch yr hadau, yna'i roi o dan y gril gydag ochr y croen i fyny nes i'r croen ddechrau hollti.

- Piliwch y croen a thorrwch y pupur yn fân.

- Cymysgwch y pupur, yr olew, y sudd, y sinsir, y dil a'r hufen sur mewn blender neu brosesydd nes yn llyfn.

- Rhowch yr wystrys yn ôl yn y cregyn ac arllwyswch y saws drostynt, a'u haddurno â stribedi o bupur a dil.

> **TIP: Defnyddiwch yr un saws gyda'r Mousse Eog a Brithyll ar dudalen 32.**

BRITHYLL Â LLENWAD O BERLYSIAU A CHNAU

Cynhwysion
4 brithyllen
50g/2 owns o fenyn
1 llwy ford o olew
halen a phupur
150ml/chwarter peint o win gwyn
4 sialotsen wedi'u sleisio
1 llwy ford o bersli
1 llwy ford o basil
115g/4 owns o friwsion bara gwyn
115g/4 owns o gnau cyll *(hazelnuts)*
1 llwy ford o gennin syfi *(chives)*
2 lemwn

Dull
- Golchwch a glanhewch y brithyll gan adael y pennau a'r cynffonnau arnynt ond gan dynnu'r esgyrn.

- Cynheswch yr olew a'r menyn mewn padell fawr, rhowch y brithyll i mewn a'u coginio'n ysgafn am 5 munud bob ochr.

- Arllwyswch y gwin i mewn a mudferwi'r cyfan am 5 munud arall. Rhowch y pysgod ar blât a'u cadw'n dwym.

- Ychwanegwch y sialóts, y cnau, y briwsion a'r perlysiau i'r badell. Coginiwch nes yn euraidd yna taenwch dros y brithyll.

- Addurnwch â lemwn, a'u gweini â thatws newydd, brocoli a moron.

TEISENNAU PYSGOD

Mae'r rysáit hwn yn dda iawn i ddefnyddio gweddillion tatws wedi'u coginio gyda thun o eog i wneud pryd ysgafn hyfryd i ginio canol dydd neu swper.

Cynhwysion

450g/pwys o stwns tatws
400g/14 owns o eog coch
2 lwy ford o bersli wedi'i dorri'n fân
1 llwy de o fwstard
1 wy

croen 1 lemwn
115g/4 owns o friwsion bara gwyn
275ml/hanner peint o iogwrt naturiol
sudd 1 lemwn
55g/2 owns o *capers* wedi'u torri'n fân

I'w Ffrio

ychydig o flawd
2 wy

175g/6 owns o friwsion bara gwyn

Dull

- Rhowch y stwns tatws mewn powlen fawr. Draeniwch yr eog gan dynnu unrhyw groen du.

- Rhowch yr eog i mewn gyda'r tatws, y persli, y croen lemwn, y mwstard, yr wy a'r briwsion bara. Cymysgwch yn dda.

- Trowch y gymysgedd allan ar fwrdd ag ychydig o flawd arno a'i ffurfio'n siâp selsig hir. Torrwch yn 12 darn cyfartal, a'u siapio'n deisennau hanner modfedd (1.5cm) o drwch.

- Curwch y ddau wy a throwch pob teisen yn yr hylif. Yna trowch yn y briwsion bara a'u ffrio am tua 3 munud bob ochr.

- Cymysgwch yr iogwrt, y sudd lemwn a'r *capers* yn dda.

- Gweinwch y teisennau a'r saws gyda salad a thatws newydd.

> **TIP: Rhowch y teisennau yn yr oergell cyn rhoi'r wy a'r briwsion arnynt – maen nhw'n haws eu trin ar ôl cael eu hoeri'n drwyadl.**

CRYMBL TIWNA

Cynhwysion

Y Gymysgedd Tiwna
50g/2 owns o fenyn
275ml/hanner peint o laeth
1 pupur coch ac 1 pupur gwyrdd wedi'u torri'n fân
clwstwr o sibwns
175g/6 owns o flodau brocoli
1 llwy ford o basil ffres wedi'i dorri'n fân
50g/2 owns o flawd plaen
150ml/chwarter peint o win gwyn
115g/4 owns o fadarch botwm
1 tun 400g/14 owns o diwna mewn dŵr halen
halen a phupur

Y Crymbl
175g/6 owns o friwsion bara gwyn ffres
50g/2 owns o flawd cyflawn *(wholemeal)*
3 llwy ford o gaws *Parmesan*
50g/2 owns o gnau cyll *(hazelnuts)* wedi'u torri'n fân

dysgl ffwrn dau beint a hanner

Dull
- Ffriwch y llysiau'n ysgafn mewn ychydig o olew a menyn am 2-3 munud.
- Arllwyswch y llaeth, y gwin, y menyn a'r blawd i sosban a'u cymysgu'n dda dros wres canolig nes i'r saws dewhau. Ychwanegwch halen a phupur.
- Ychwanegwch y llysiau a'r basil at y saws. Trosglwyddwch i'r ddysgl ffwrn.
- Cymysgwch gynhwysion y crymbl at ei gilydd a'n taenu dros y gymysgedd tiwna. Pobwch am 20 munud ar dymheredd 400F/ 200C/Nwy 6.

EOG MEWN SAWS CAWS

Dyma rysáit syml a hyfryd i swper. Mae'n ddefnyddiol ar gyfer croesawu gwesteion, gan ei fod yn hawdd ei baratoi ymlaen llaw.

Cynhwysion

Yr Eog
4 ffiled o eog
halen a phupur
sudd 1 lemwn

Y Saws
50g/2 owns o fenyn
50g/2 owns o flawd plaen
570ml/peint o laeth
115g/4 owns o gaws Cheddar aeddfed wedi'i ratio
cennin syfi *(chives)*

Dull

- Rhowch yr eog mewn dysgl ffwrn a thaenwch y sudd lemwn a halen a phupur drosto.

- I wneud y saws: rhowch y llaeth, y menyn a'r blawd mewn sosban a'u curo dros y gwres nes i'r saws droi'n drwchus ac yn sgleiniog. Trowch y caws i mewn nes iddo doddi.

- Ychwanegwch halen a phupur, a'r cennin syfi wedi'u torri'n fân, ac arllwyswch y saws dros yr eog.

- Peipiwch stwns tatws o gwmpas ymyl y ddysgl ffwrn.

- Pobwch yn y ffwrn am chwarter awr ar dymheredd 200C/400F/Nwy 7.

- Gweinwch gyda moron bach.

PASTAI COCOS, TATWS A CHENNIN MEWN SAWS GWIN

Cynhwysion

Y Cocos
225g/8 owns o gocos
450g/pwys o gennin wedi'u torri'n
ddarnau
225g/8 owns o datws wedi'u torri'n
ddarnau
570ml/peint o win gwyn
50g/2 owns o fenyn
50g/2 owns o flawd plaen
halen a phupur
275ml/hanner peint o hufen sengl

Y Crwst
225g/8 owns o flawd plaen
115g/4 owns o fenyn
hanner llond llwy de o halen
2 lwy ford o bersli
3-4 llwy ford o ddŵr
1 wy

Dull

- Rhowch y cocos, y cennin a'r tatws mewn sosban gyda'r gwin gwyn.

- Cynheswch nhw at dymheredd berwi a'u coginio am chwarter awr.

- Cymysgwch y menyn a'r blawd a'u hychwanegu at y gymysgedd; dewch â'r cyfan yn ôl i'r berw gan ei goginio am 2-3 munud. Ychwanegwch yr hufen.

- Trowch y gymysgedd i mewn i ddysgl pastai a'i adael i oeri.

- Paratowch y crwst, gan rwbio'r menyn i mewn i'r blawd. Ychwan-egwch yr halen a'r persli, a'u cymysgu'n raddol gyda'r dŵr i wneud toes meddal, cryf (efallai na fydd angen y dŵr i gyd).

- Rholiwch y toes allan i faint y ddysgl a'i osod dros y gymysgedd.

- Brwsiwch ag wy a phobwch am chwarter awr ar dymheredd 200C/400F/Nwy 7.

MOUSSE EOG A BRITHYLL

Cynhwysion

Y Mousse
225g/8 owns o eog wedi'i fygu
2 frithyll mawr
50g/2 owns o gorgimwch *(prawns)* wedi'u coginio
225g/8 owns o gaws hufen braster isel
2 lwy ford o gennin syfi *(chives)* wedi'u torri'n fân
2 lwy ford o sudd lemwn
2 i 3 diferyn o saws tabasco
pecyn o jelatin

Y Saws
2 bupur coch
4 tomato
2 glof o arlleg wedi'u gwasgu
1 llwy ford o *purée* tomato
3 llwy ford o saws *pesto*

Dull
- Leiniwch 4 dysgl ramecin ag eog wedi'i fygu gan adael i'r eog orlapio dros yr ochrau.

- Coginiwch y brithyll, wedi'u gorchuddio â *clingfilm*, yn y meicrodon am ddeng munud. Tynnwch y croen, yna tynnwch y cig oddi ar yr esgyrn.

- Rhowch y brithyll, y caws, y sudd lemwn a'r saws tabasco mewn blender am funud.

- Ychwanegwch y corgimwch a'r cennin syfi at y gymysgedd. Toddwch y jelatin mewn 3 llond llwy de o ddŵr berw a'i arllwys i mewn i'r gymysgedd.

- Rhannwch y gymysgedd rhwng y dysglau gan gau'r eog dros y gymysgedd. Rhowch yn yr oergell am awr cyn gweini gyda'r saws, tatws newydd a llysiau tymhorol.

- I wneud y saws: tynnwch hadau'r ddau bupur a'r tomatos a'u torri'n ddarnau mawr, yna eu rhoi mewn sosban gyda'r garlleg wedi'i wasgu, y *purée* tomato, llond 6 llwy ford o ddŵr a digonedd o halen a phupur. Coginiwch yn ysgafn am ddeng munud.

- Blendiwch mewn prosesydd nes bod y gymysgedd yn feddal, yna ei roi trwy ridyll *(sieve)*. Cymysgwch y saws *pesto* yn drwyadl i mewn i'r gymysgedd.

FFILEDI PENFRAS *(COD)* WEDI'U LLENWI

Cynhwysion

Y Penfras
1 penfras mewn 2 ffiled
croen a sudd lemwn cyfan
150ml/chwarter peint o win gwyn
halen a phupur

Y Llenwad
225g/8 owns o friwsion bara gwyn
1 winwnsyn bach
50g/2 owns o fenyn
1 llwy ford bob un o bersli, teim a chennin syfi *(chives)*
croen 1 lemwn

Y Saws
1 tun 400g/14 owns o domatos wedi'u torri'n ddarnau
1 winwnsyn bach coch
2 glof o arlleg wedi'u gwasgu
2 lwy ford o finegr gwin gwyn
1 llwy ford o siwgr Demerara
150ml/chwarter peint o win coch

Dull
- Golchwch y ffiledi a'u sychu'n dda, a thaenu halen a phupur drostynt.

- I wneud y llenwad: torrwch yr winwnsyn yn fân. Toddwch y menyn mewn sosban a ffriwch yr winwnsyn a'r garlleg am 2 i 3 munud. Ychwanegwch y briwsion, y perlysiau a'r croen lemwn a'u cymysgu'n dda.

- Rhowch un ffiled ar ddarn o ffoil, rhowch y llenwad ar ei ben a rhowch yr ail ffiled ar ben y llenwad.

- Brwsiwch ychydig o fenyn dros y ffiledi, arllwyswch y gwin drostynt, caewch ffoil amdanynt a'u pobi am chwarter awr ar dymheredd 200C/400F/Nwy 6.

- I wneud y saws tomato: torrwch yr winwnsyn a'r garlleg yn fân a'u ffrio'n ysgafn mewn ychydig o olew, yna ychwanegwch y tun o domatos, y finegr gwin, y gwin coch a'r siwgr. Cynheswch at dymheredd berwi a mudferwi'r cyfan am ddeng munud nes iddo leihau rhyw ychydig.

- Ychwanegwch lond llwy ford o bersli.

- Gweinwch y pysgod ar blât mawr gan arllwys y saws o'u cwmpas.

> **TIP:** *Cewch ddefnyddio Cegddu (Hake) neu Gorbenfras (Haddock). Oherwydd y saws tomato, mae plant yn hoff iawn o'r pryd blasus hwn.*

BRITHYLL WEDI'U LLENWI

Pryd bendigedig ar gyfer barbiciw ar noson braf o haf.

Cynhwysion
4 o frithyll canolig eu maint wedi'u glanhau, a'r esgyrn a'r cen wedi'u tynnu allan

Y Menyn Lemwn
50g/2 owns o fenyn
2 lwy de o groen lemwn wedi'i ratio
1 llwy ford o gennin syfi *(chives)* a phersli wedi'u torri'n fân

Y Llenwad
2 lwy ford o olew olewydd
1 sialotsen wedi'i thorri'n fân
1 clof o arlleg wedi'i wasgu
50g/2 owns o friwsion bara
croen lemwn wedi'i ratio a sudd lemwn cyfan
2 lwy ford o bersli wedi'i dorri'n fân

Dull
- Paratowch y menyn lemwn yn gyntaf: cymysgwch yr holl gynhwysion a rholiwch i ffurfio siâp selsig. Lapiwch mewn ffoil a'i roi yn yr oergell.

- I wneud y llenwad: ffriwch y sialóts a'r garlleg nes eu bod yn feddal.

- Ychwanegwch y briwsion bara, y persli a chroen a sudd y lemwn a'u troi i mewn.

- Llenwch y brithyll â'r gymysgedd a'u rhoi ar ridyll pysgod dros y cols.

- Coginiwch am 4 munud bob ochr. Gweinwch gyda thafell o lemwn, cylchoedd o'r menyn lemwn a salad.

PRYDAU
LLYSIEUOL

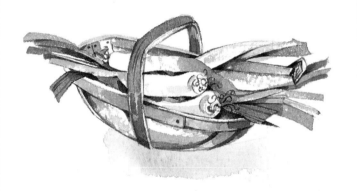

CREMPOG/FFROES/*CRÊPES*

Cynhwysion

115g/4 owns o flawd cryf plaen
pinsiad o halen
3 wy

275ml/hanner peint o laeth
olew i ffrio
50g/2 owns o fenyn wedi toddi

Dull

- Rhowch y blawd mewn powlen; gwnewch dwll yn y canol, arllwyswch y menyn a'r wyau i mewn a'u cymysgu, gan ychwanegu'r llaeth yn raddol.

- Curwch nes yn esmwyth, yna gadewch i sefyll am hanner awr – bydd yn tewhau rhywfaint yn ystod yr amser hwnnw – yna tywalltwch i mewn i jẁg.

- Cynheswch ychydig o olew mewn padell grempog ac arllwyswch ychydig o'r gymysgedd i mewn, gan droi'r badell fel bod y gymysgedd yn gorchuddio'r gwaelod.

- Coginiwch ar wres canolig nes ei fod wedi setio, yna trowch drosodd i goginio'r ochr arall.

- Parhewch i goginio'r crempogau, gan osod y rhai sy'n barod ar blât a'u gorchuddio â ffoil i'w cadw'n dwym. Defnyddiwch lenwad o'ch dewis, yn sawrus neu'n felys.

TIP: *Dyma rai syniadau i chi am lenwadau gwahanol a blasus:*
- **madarch wedi'u ffrio mewn menyn garlleg gyda chaws meddal;**
- **caws Cheddar wedi'i ratio, ham tenau, tenau a chennin syfi *(chives)*;**
- **plu *(flakes)* tiwna gyda mayonnaise a phersli;**
- **ffrwythau ffres a hufen;**
- **Nutella a gellyg *(pears)* tun.**

FFLANIAU LLYSIAU HAF

Mae'r fflaniau bach hyn yn ddelfrydol ar gyfer picnic i lysieuwyr. Maen nhw'n hawdd eu gwneud ac yn flasus i'w bwyta gyda salad iachus.

Cynhwysion

Y Crwst
50g/2 owns o gnau Ffrengig *(walnuts)*
175g/6 owns o flawd plaen
halen a phupur
115g/4 owns o fenyn

Y Llenwad
175g/6 owns o *courgettes*
1 clof o arlleg wedi'i wasgu
175g/6 owns o frocoli
50g/2 owns o bys
115g/4 owns o domatos ffres
115g/4 owns o gaws meddal

150ml/5 owns hylifol o hufen sengl
3 wy
2 lwy ford o berlysiau ffres wedi'u
torri'n fân
50g/2 owns o gaws Cheddar aeddfed

Dull

- Cymysgwch gynhwysion y crwst mewn blender gyda digon o ddŵr i'w clymu.

- Rholiwch y toes allan a'i rannu rhwng chwe tun fflan unigol.

- Leiniwch y toes gyda darnau o ffoil a'u pobi'n ddall am 10 munud ar dymheredd 200C/400F/Nwy 6.

- I baratoi'r llenwad: torrwch y *courgettes* a'r brocoli'n fân a'u gosod mewn sosban o ddŵr berw gyda'r pys. Berwch am 5 munud a draeniwch.

- Rhowch y tomatos mewn dŵr berw am 2-3 munud, tynnwch y croen a'u torri yn eu hanner gan dynnu'r hadau. Torrwch yn fân.

- Cymysgwch y caws, yr hufen, yr wyau a'r garlleg.

- Rhowch y llysiau yn y fflaniau ac arllwyswch y gymysgedd caws drostynt.

- Coginiwch am hanner awr ar dymheredd 180C/350F/Nwy 4.

RHOST CNAU

Cynhwysion
225g/8 owns o gnau cymysg (*cashews*, cyll *(hazelnuts)* ac almwns)
1 llwy ford o olew
1 winwnsyn wedi'i dorri'n fân
2 glof o arlleg wedi'u gwasgu
4 moronen canolig wedi'u gratio
2 *courgette* canolig wedi'u gratio
115g/4 owns o gaws Cheddar wedi'i ratio
3 llond llwy ford o bersli wedi'i dorri'n fân
115g/4 owns o friwsion bara cyflawn
2 wy
1 llwy ford o hadau *sesame*
2 lwy ford o deim
halen a phupur
ciwcymber a dil i addurno

Dull
- Irwch a leiniwch dun torth pwys.

- Torrwch y cnau'n fân.

- Cynheswch yr olew a ffriwch yr winwnsyn, yna ychwanegwch y garlleg.

- Rhowch y cynhwysion eraill i gyd mewn powlen a'u cymysgu'n dda.

- Ychwanegwch yr winwnsyn a'r garlleg at y cynhwysion eraill. Rhowch y cyfan yn y tun, a'i wasgu'n dda.

- Gorchuddiwch â ffoil. Pobwch am 45 munud ar dymheredd 180C/350F/Nwy 4.

- Gweinwch yn dwym neu'n oer gyda saws tomato neu salad gwyrdd iachus.

CYRI LLYSIAU SYML

Cynhwysion
2 afal melys
2 foronen
1 winwnsyn mawr
2 glof o arlleg wedi'u gwasgu
1 tun o ffa menyn *(butter beans)*
50g/2 owns o syltanas
3 llwy ford o bast cyri
1 gwreiddyn celeriac
225g/8 owns o flodau brocoli
225g/8 owns o fadarch botwm
1 tun 470g/14 owns o domatos wedi'u torri'n ddarnau
570ml/peint o stoc llysiau
2 lwy ford o olew llysieuol

Dull

- Glanhewch y llysiau a'u torri'n ddarnau mân.

- Gan adael y croen arnynt, tynnwch ganol yr afalau a'u torri'n ddarnau.

- Cynheswch ychydig o olew mewn padell fawr a ffriwch y llysiau gyda'i gilydd am 3 i 4 munud.

- Ychwanegwch y past cyri a'r garlleg a'u cymysgu'n dda.

- Ychwanegwch yr afalau, y ffa, y tomatos, y syltanas a'r stoc i'r badell. Cynheswch at dymheredd berwi a'u mudferwi am 15-20 munud.

- Gweinwch gyda reis Basmati a *popadoms*.

CENNIN AC WYAU MEWN SAWS CAWS

Mae hwn yn hynod o flasus, ac felly'n ffefryn gan y teulu.

Cynhwysion

Y Cennin a'r Wyau
6 wy wedi'u berwi'n galed
1 clof o arlleg wedi'i wasgu
450g/pwys o gennin ifanc
50g/2 owns o fenyn

Y Saws
570 ml/peint o laeth
50g/2 owns o fenyn
50g/2 owns o flawd plaen
halen a phupur
115g/4 owns o gaws o'ch dewis wedi'i ratio
persli a chennin syfi *(chives)* i addurno

Dull

- Torrwch yr wyau yn eu hanner.

- Torrwch y cennin yn gylchoedd a'u golchi'n dda.

- Ffriwch y cennin a'r garlleg yn ysgafn yn y menyn am 5 munud.

- Ffordd gyflym o wneud y saws: cymysgwch y blawd a'r menyn i wneud past, berwch y llaeth a churwch y past i mewn i'r llaeth yn raddol ac yna mudferwch y saws nes iddo dewhau.

- Ychwanegwch yr halen a'r pupur, a'r caws wedi'i ratio, gan gadw rhywfaint yn ôl i'w roi ar y top.

- Irwch ddysgl *gratin* â menyn, gosodwch haen o gennin yn y gwaelod a rhowch yr wyau ar eu pen. Arllwyswch y saws dros yr wyau, taenwch ychydig o gaws arno a'i grilio nes yn euraidd.

- Addurnwch â chennin syfi a phersli wedi'u torri'n fân.

- Gweinwch â stwns tatws.

PASTAI FFILO STILTON A LLUGAERON (CRANBERRIES)

Cynhwysion
75g/3 owns o Stilton
225g/8 owns o lugaeron *(cranberries)* ffres neu o'r rhewgell
150ml/chwarter peint o win port
75g/3 owns o siwgr caster
450g/pwys o afalau Cox
1 llwy de o deim wedi'i dorri'n fân
halen a phupur
hanner llond llwy de o nytmeg
7 tafell fawr o does ffilo
250g/2 owns o fenyn

tun pobi 8 modfedd (21cm)

Dull
- Rhowch y llugaeron, y port a'r siwgr mewn padell a'u cynhesu at dymheredd berwi.

- Mudferwch am ddeng munud a'u gadael i oeri.

- Piliwch yr afalau a'u torri'n giwbiau bach. Cymysgwch y caws, y teim a'r nytmeg i mewn, yna ychwanegwch y llugaeron yn eu sudd.

- Cymerwch ddwy dafell o does ffilo, a'u brwsio â menyn. Leiniwch y tun â nhw, gan adael i'r ymylon orlapio. Gorchuddiwch weddill y ffilo â phapur cegin neu liain sychu tamp.

- Rhowch hanner y gymysgedd Stilton yn y ffilo. Torrwch y darnau o ffilo yn eu hanner, brwsiwch â menyn, a'u rhoi ar ben y llenwad. Rhowch weddill y gymysgedd ar ben hwnnw. Rhowch ddarn arall o ffilo ar ei ben. Brwsiwch â menyn.

- Coginiwch am 25 munud ar dymheredd 180C/350F/Nwy 4.

- Gweinwch yn dwym.

COUSCOUS YR HAF

Mae'r saig llysieuol hwn mor iachus ac mor lliwgar.

Cynhwysion
4 o sibwns
2 bupur melyn
2 bupur coch
2 glof o arlleg wedi'u gwasgu
225g/8 owns o *courgettes*
225g/8 owns o *couscous*
1 llwy ford o fintys wedi'i dorri'n fân
450g/pwys o sialóts
1 llwy ford o bersli wedi'i dorri'n fân
halen a phupur
2 lwy ford o olew olewydd
1 llwy ford o saws Caerwrangon *(Worcestershire sauce)*

Dull
- Torrwch y sibwns yn ddarnau mân a glanhewch y sialóts.

- Torrwch y 4 pupur yn eu hanner, tynnwch yr hadau a thorrwch yn ddarnau mân.

- Torrwch y *courgettes* yn stribedi tenau *julienne*.

- Rhowch y *couscous* mewn powlen fawr a'i orchuddio â dŵr berw. Gadewch iddo fwydo am chwarter awr, yna'i droi gyda fforc.

- Twymwch yr olew mewn padell fawr ac ychwanegwch y llysiau i gyd, y garlleg a'r saws Caerwrangon. Coginiwch yn gyflym am tua 5 munud, yna ychwanegwch y tomatos, y persli a'r mintys.

- Gosodwch y llysiau ar wely o *couscous* i'w gweini.

TEISENNAU TATWS, CENNIN A PHANNAS

Cynhwysion
450g/pwys o datws
450g/pwys o gennin wedi'u
   torri'n fân
450g/pwys o bannas
75g/3 owns o fenyn
halen, pupur a nytmeg
1 wy
110g/4 owns o gaws *Parmesan*

Dull

- Coginiwch y tatws a'r pannas mewn ychydig iawn o ddŵr, neu yn y meicrodon. Yna pwnwch gyda'i gilydd.

- Coginiwch y cennin yn y menyn.

- Cymysgwch y tatws a'r pannas gyda'r cennin, ychwanegwch halen, pupur a nytmeg a chlymwch â'r wy.

- Ffurfiwch yn ddeuddeg cylch a'u troi yn y caws *Parmesan*.

- Gosodwch ar dun pobi wedi'i iro a phobwch am 20 munud ar dymheredd 200C/400F/Nwy 7.

- Gweinwch â saws tomato (gweler tudalen 32).

TATWS SBEISLYD

Cynhwysion
565g/pwys a chwarter o datws newydd
pinsiad o halen
1 winwnsyn
1 pupur coch
1 llwy de o *garam massala*
4 llwy de o bast cyri
3 llwy ford o *chutney* mango (twym)
430ml/tri chwarter peint o *passata*
1 llwy ford o olew

Dull

- Glanhewch y tatws yn drwyadl.

- Torrwch nhw yn eu hanner a'u rhan-ferwi am 10 munud mewn dŵr hallt. Draeniwch yn dda.

- Torrwch yr winwnsyn yn fân, torrwch y pupur coch yn ei hanner a chael gwared ar yr hadau.

- Twymwch yr olew mewn sosban fawr a ffriwch yr winwnsyn a'r pupur am 2-3 munud. Ychwanegwch y sbeisys a choginio'r cyfan am 2 funud arall.

- Ychwanegwch y tatws, y *chutney* a'r *passata* a dod â'r cyfan i'r berw gan ei droi'n achlysurol.

- Rhowch glawr arno a mudferwch am 15-20 munud nes bod y tatws yn feddal.

CIG –
PORC, CYW IÂR,
CIG OEN
A CHIG EIDION

HOTPOT PORC AR GYFER Y GAEAF

Dyma bryd sy'n ardderchog i'w rewi.

Cynhwysion
900g/2 bwys o ysgwydd cig moch heb yr esgyrn
450g/pwys o winwns botwm wedi'u glanhau
2 glof o arlleg wedi'u gwasgu
225g/8 owns o foron wedi'u torri'n ddarnau
2 afal Cox wedi'u torri'n ddarnau
2 lwy ford lefel o siwgr Demerara
2 lwy ford o finegr gwin
ychydig ddiferion o saws *chilli*
1 llwy ford lefel bob un o deim, persli ac oregano
1 tun 400g/14 owns o ffa haricot
1 tun 400g/14 owns o domatos
425ml/tri chwarter peint o win coch
50g/2 owns o fenyn
1 llwy ford o olew olewydd

Dull
- Torrwch y porc yn giwbiau 1" (2.5cm).
- Cynheswch yr olew a'r menyn mewn dysgl ffwrn fawr neu sosban fawr drom.
- Ffriwch y porc am 2 i 3 munud nes ei fod wedi'i selio ac wedi troi ei liw.
- Ychwanegwch yr winwns, y garlleg, y moron a'r afalau wedi'u torri'n ddarnau mân.
- Ychwanegwch y siwgr, y finegr, y saws *chilli*, y perlysiau, y ffa haricot wedi'u draenio a'r tomatos, a dod â'r cyfan i'r berw.
- Mudferwch o dan glawr dros y gwres am tua awr a hanner, neu yn y ffwrn am awr a hanner i ddwy awr ar dymheredd 180C/350F/Nwy 4.
- Addurnwch â phersli a'i weini â pasta.

PASTAI CENNIN, PANNAS A CHIG MOCH

Mae blas Cymreig arbennig i'r bastai hon, gyda'r cyfuniad hyfryd o bannas, cennin a chig moch yn ei gwneud yn flasus iawn.

Cynhwysion

350g/12 owns o bannas	225g/8 owns o gaws hufen braster isel
350g/12 owns o gennin	50g/2 owns o gaws *Parmesan*
8 tafell o does ffilo	halen a phupur
50g/2 owns o fenyn neu olew	150ml/chwarter peint o hufen sengl
115g/4 owns o gig moch wedi'i ferwi	2 lwy ford o bersli wedi'i dorri'n fân

Tun fflan 8-10 modfedd (21-26cm)

Dull

- Glanhewch y pannas a'u torri'n giwbiau mân; golchwch y cennin a'u torri'n stribedi.
- Rhowch y pannas a'r cennin mewn sosban a'u gorchuddio â dŵr oer. Dewch â nhw i'r berw a'u coginio am 5 i 7 munud yna'u draenio.
- Leiniwch y tun fflan â 6 thafell o does ffilo a'u brwsio â menyn wedi'i doddi neu olew rhwng pob tafell. Gadewch i'r ffilo orlapio'r ddysgl.
- Llenwch â'r llysiau wedi'u coginio a'r cig moch wedi'i dorri'n ddarnau.
- Cymysgwch yr hufen, y caws a'r persli a'u harllwys dros y llenwad.
- Plygwch y gorlapiad o ffilo dros y top a'u gorchuddio gyda'r 2 dafell sydd ar ôl, a brwsiwch gyda gweddill y menyn.
- Pobwch am hanner awr ar dymheredd 350F/180C/Nwy 4.
- Gweinwch gyda salad.

TIP: *Yn hytrach na gwastraffu'r stoc o'r llysiau, defnyddiwch e i wneud cawl.*

HAM MÊL Â SAWS FFRWYTHAU

Mae pobi'ch ham eich hunan yn hawdd iawn, ac mae'r gwahaniaeth mewn blas a'r aroglau hyfryd yn y gegin yn talu ar ei ganfed am yr ychydig o ymdrech ychwanegol. Dychmygwch eich ham yn ei orchudd lliwgar o fêl, sudd oren a siwgr Demerara ar blât mawr ag addurn o orenau a berw dŵr!

Cynhwysion

Yr Ham
darn 900g/2 bwys o gamwn
1 llwy de o fwstard
12 clof
50g/2 owns o siwgr Demerara
2 lwy ford o fêl
3 llwy ford o sudd oren

Y Saws
3 llwy ford o jeli cwrens cochion *(redcurrants)*
croen a sudd 1 oren
3 llwy ford o sudd oren
croen a sudd 1 lemwn
150ml/chwarter peint o stoc ham **neu**
150ml/chwarter peint o win coch
tafelli o oren i addurno

Dull
- Mwydwch y gamwn mewn dŵr oer dros nos. Yna rhowch y gamwn mewn sosban fawr, gorchuddiwch â dŵr oer, dewch ag ef i'r berw, tynnwch yr ewyn (sef yr halen) a'i fudferwi am hanner awr.

- Tynnwch y cig o'r sosban a thynnwch y croen yn ofalus. Sgoriwch y braster gyda chyllell siarp a rhowch y clofs i mewn. Rhowch y cig ar astell pobi.

- Cymysgwch y siwgr, y mêl, y mwstard a'r sudd oren gyda'i gilydd a'i arllwys dros y gamwn.

- Pobwch mewn ffwrn ganolig am dri chwarter awr ar dymheredd 180C/350C/Nwy 4.

- Tra bod y cig yn coginio, paratowch y saws drwy gymysgu'r cynhwysion a'u berwi am ddeng munud.

- Tynnwch y tun o'r ffwrn, a gyda llwy fawr neu letwad, ail-orchuddiwch y cig gyda'r suddion. Coginiwch ar yr un gwres am 15-20 munud ychwanegol.

- Gweinwch gyda'r saws ar gyfer cinio dydd Sul arbennig.

CYW IÂR OREN A MÊL

Mae marinêd o sudd oren a mêl yn rhoi blas melys hyfryd a lliw cara-mel arbennig i'r cyw iâr.

Cynhwysion
4 brest cyw iâr (heb y groen)
2 lwy ford o saws *soy*
2 lwy ford o fêl
1 llwy ford o fwstard grawn cyfan *(wholegrain)*
halen a phupur
1 clof o arlleg wedi'i wasgu
tafelli o oren heb eu crwyn

Dull
- Torrwch boced yn ochr pob brest cyw iâr a llenwch â thafelli oren.

- Cymysgwch weddill y cynhwysion at ei gilydd i wneud y marinêd a'u harllwys dros y darnau o gyw, a'u gadael am awr.

- Rhowch y cyw iâr a'r marinêd mewn dysgl rostio a'i gosod mewn ffwrn boeth ar dymheredd 200C/400F/Nwy 6 am hanner awr, neu nes bod y cyw wedi'i goginio.

- Gweinwch gyda thatws rhost, moron bach a ffa cymysg.

CYW MARENGO

Dyma saig draddodiadol o Ffrainc – mae'n flasus iawn, ac yn ffefryn gan Alwyn Humphreys.

Cynhwysion
4 brest cyw iâr (heb y croen)
50g/2 owns o flawd India corn *(cornflour)*
115ml/chwarter peint o olew olewydd
50g/2 owns o fenyn
1 winwnsyn wedi'i sleisio
4 llwy ford o frandi
halen a phupur
450g/pwys o domatos heb eu crwyn neu 2 dun 227g o domatos wedi'u
   torri'n fân
2 glof o arlleg wedi'u gwasgu
115ml/chwarter peint o stoc cyw iâr
115g/4 owns o fadarch botwm

Dull
- Trowch y brestiau cyw iâr mewn blawd India corn.

- Cynheswch yr olew mewn padell ffrio fawr, a ffriwch y cyw iâr ar y naill ochr a'r llall am 5 i 10 munud. Tynnwch nhw o'r badell a'u rhoi naill ochr.

- Taenwch y brandi a halen a phupur dros y brestiau cyw iâr. Ychwanegwch yr winwns i'r badell ffrio a'u coginio am tua 3 munud.

- Ychwanegwch y tomatos, y garlleg a'r stoc.

- Rhowch y brestiau cyw iâr yn ôl yn y saws a mudferwi'r cyfan am hanner awr dan glawr.

- Os oes well gyda chi ddefnyddio'r ffwrn, rhowch y cwbl mewn dysgl caserol yn y ffwrn ar 180C/350F/Nwy 4 am dri chwarter awr.

- Coginiwch y madarch mewn menyn am 3 i 4 munud, yna ychwanegwch nhw at y cyw iâr cyn gweini.

- Gweinwch â llysiau twym o'ch dewis.

Salad Tomato, Ciwcymber a Chaws Caerffili
(gw. tud. 11)

Brithyll â llenwad o Berlysiau a Chnau
(gw. tud. 27)

Fflaniau Llysiau Haf
(gw. tud. 40)

Ffiled Cig Eidion ar Croutons Mwstard
(gw. tud. 64)

Anrhegion Ena
(gw. tud. 69-79)

Selsig Cig Carw a Ffriad Pupur
(gw. tud. 88)

Bara a Theisennau
(gw. tud. 89-102)

Pwdin Triog
(gw. tud. 110)

BREST CYW IÂR WEDI'I STWFFIO MEWN SAWS GWIN

Cynhwysion

Y Cyw Iâr
4 brest cyw iâr (heb y croen)
115ml/chwarter peint o win coch

Llenwad
115g/4 owns o gig moch cefn wedi'i fygu (wedi'i goginio)
75g/3 owns o fadarch
115g/4 owns o fricyll *(apricots)* parod-i-fwyta wedi'u torri'n fân
115g/4 owns o friwsion bara gwyn
2 lwy ford o berlysiau ffres wedi'u torri'n fân: basil, teim a phersli
halen a phupur
croen a sudd 2 lemwn
50g/2 owns o gnau Ffrengig *(walnuts)*
olew olewydd
1 wy
arorwt i dewhau

Dull

- Rhowch y brestiau cyw iâr rhwng dau ddarn o *clingfilm* a'u curo'n ysgafn â phren rholio.

- Cymysgwch holl gynhwysion y llenwad gyda'i gilydd a'u clymu gyda'r wy.

- Rhowch ychydig o lenwad ar bob un o'r brestiau a'u rholio i fyny, gan ddefnyddio prennau coctel i'w cadw at ei gilydd.

- Rhowch yr olew olewydd mewn padell ffrio a'i gynhesu'n dda. Rhowch y cyw iâr yn yr olew poeth a'i ffrio ar y naill ochr a'r llall nes yn euraidd (tua 5 munud).

- Arllwyswch y gwin i mewn i'r gymysgedd, rhowch glawr drosto a'i goginio am 15-20 munud.

- Os oes angen, gellir gwneud y saws yn fwy trwchus trwy ychwanegu ychydig o arorwt wedi'i gymysgu â dŵr.

- Gweinwch â llysiau neu salad ffres.

> **TIP:** *Mae'n bosib rhewi'r cyw, ond rhaid ei dynnu o'r rhewgell a gadael iddo ddadrewi am 10 awr cyn ei weini.*

GOLWYTHON CIG OEN WEDI'U LLENWI

Dyma fy ffefryn i, cig oen Cymreig, yn felys ac yn flasus.

Cynhwysion
2 bwys o lwyn cig oen

Y Llenwad
1 winwnsyn wedi'i dorri'n fân
225g/8 owns o friwsion bara gwyn
50g/2 owns o fenyn wedi'i doddi, neu olew
croen 1 oren
225g/8 owns o ddarnau o binafal wedi'u torri'n ddarnau
1 llwy ford o bersli wedi'i dorri'n fân
1 llwy de o teim wedi'i dorri'n fân
115g/4 owns o gig selsig porc

Dull
- Tynnwch y croen a'r asgwrn o'r cig oen.

- Coginiwch yr winwnsyn mewn ychydig o olew.

- Rhowch yr winwnsyn a holl gynhwysion eraill y llenwad mewn powlen fawr a'u cymysgu'n dda i'w clymu at ei gilydd.

- Rhowch y llenwad i lawr canol y lwyn a rholiwch y cig o'i gwmpas. Clymwch â chordyn bob modfedd. Torrwch y golwython rhwng y cordyn.

- Ffriwch mewn olew poeth am 3 munud bob ochr.

- Gweinwch â winwns wedi'u sgleinio *(glazed)* a llysiau gwyrdd.

TYNERLWYN *(TENDERLOIN)* CIG OEN Â SAWS LLUGAERON AC AFALAU

Dyma ffordd flasus o gyflwyno cig oen, sy'n hynod o syml – ond effeith-iol!

Cynhwysion
450g/pwys o dynerlwyn cig oen
1 llwy ford o olew olewydd

Y Saws
225g/8 owns o lugaeron *(cranberries)* ffres neu o'r rhewgell
425ml/tri chwarter peint o sudd afal
croen a sudd 1 oren
2 lwy ford o fêl clir

Dull
- Brwsiwch y cig ag olew a'i roi dan gril poeth am 4 i 5 munud gan ei droi er mwyn sicrhau ei fod yn coginio ac yn cymryd lliw ar y ddwy ochr. Dylai'r cig fod yn grimp *(crisp)* y tu allan ac yn binc y tu mewn.

- I wneud y saws, rhowch yr holl gynhwysion mewn sosban a'u mudferwi am ddeng munud.

- Torrwch y cig yn dafelli trwchus; tywalltwch ychydig o'r saws o'u cwmpas, a gweinwch gyda llysiau ffres o'ch dewis.

CIG OEN POETH Â REIS PILAFF

Cynhwysion

Y Cig
450g/pwys o goes cig oen wedi'i dorri'n giwbiau 1" (2.5cm)
2 glof o arlleg wedi'u gwasgu
1 winwnsyn mawr
1 fodfedd o wraidd sinsir
2 *chilli* bach poeth
1 llond llaw o goriander ffres
1 llwy de o *cumin* wedi'i falu
1 llwy de o *turmeric* wedi'i falu
sudd 1 leim a'r croen wedi'i ratio
275ml/hanner peint o stoc llysiau
150ml/chwarter peint o iogwrt naturiol
25g/owns o blu almwn *(almond flakes)*
arorwt i dewhau

Y Reis
225g/8 owns o reis grawn hir
2 glof o arlleg wedi'u gwasgu
1 winwnsyn bach wedi'i dorri'n fân
2 lwy ford o olew
570ml/peint o ddŵr neu stoc llysiau

Dull
- Cynheswch ychydig o olew mewn padell fawr a ffriwch y cig oen yn gyflym nes ei fod yn frown drosto i gyd, yna tynnwch o'r badell a'i osod naill ochr.

- Ychwanegwch y garlleg wedi'i wasgu, yr winwnsyn wedi'i dorri'n dafelli, y *chillis* wedi'u torri'n fân a'r holl sbeisiau i'r badell a'u coginio am bum munud.

- Ychwanegwch y stoc, yna dewch â'r cyfan i'r berw, a rhowch y cig yn ôl yn y saws.

- Gorchuddiwch y cyfan a'i fudferwi am awr, yna tewhau'r saws â 2 lond llwy de o arorwt a'r iogwrt.

- I baratoi'r reis, cynheswch ychydig o olew mewn sosban, a ffriwch yr winwnsyn wedi'i dorri'n fân a'r garlleg wedi'i wasgu, am 2 i 3 munud. Ychwanegwch y reis a'r stoc, gorchuddiwch a'u berwi nes bod y reis wedi amsugno'r hylif.

- Gweinwch y cig oen ar y reis, ac addurnwch â chiwcymber, banana a thomatos wedi'u sleisio a choriander ffres.

BYRGERS CIG OEN CYFLYM

Dyma ffefryn gan blant gan eu bod nhw mor flasus – ac iachus hefyd, sy'n plesio'r rhieni!

Cynhwysion
450g/pwys o gig oen wedi'i falu
1 winwnsyn bach wedi'i dorri'n fân
1 afal melys wedi'i ratio
2 sibwn wedi'u torri'n fân
1 llwy ford o frandi
ychydig ddiferion o saws tabasco
1 clof o arlleg wedi'i wasgu
1 llwy de o fwstard grawn cyfan *(wholegrain)*
115g/4 owns o friwsion bara grawn cyflawn
1 llwy ford o *purée* tomato
halen a phupur
1 wy wedi'u bwno
50g/2 owns o flawd plaen (i ffurfio'r byrgers)
4 llwy ford o olew olewydd

Dull
- Cymysgwch yr holl gynhwysion at ei gilydd a'u clymu â'r wy.

- Rhannwch y gymysgedd yn wyth a ffurfiwch byrgers ohono.

- Ffriwch mewn olew poeth am 2 i 3 munud bob ochr.

> **TIP: Mae'n bosib defnyddio cyw iâr, twrci neu borc yn lle'r cig oen.**

FFILED CIG EIDION AR *CROUTONS* MWSTARD

Cynhwysion

Y Cig
2 stecen ffiled drwchus
2 dafell o gig moch
2 dafell o fara wedi'u torri'n gylchoedd
2 lwy de o fenyn
1 llwy de o fwstard grawn cyfan *(wholegrain)*
olew i ffrio

Y Llenwad
50g/2 owns o fenyn
4 sialotsen wedi'u torri'n fân
50g/2 owns o fadarch
1 clof o arlleg wedi'i wasgu
50g/2 owns o friwsion bara gwyn
croen lemwn

Dull

- I baratoi'r llenwad: ffriwch y sialóts, y madarch a'r garlleg yn y menyn.

- Torrwch boced yn ochr pob stecen a'i llenwi â'r gymysgedd madarch.

- Lapiwch bob stecen yn y cig moch a'i chlymu â phren coctel.

- Rhowch fenyn a mwstard ar y cylchoedd o fara a'u grilio ar y naill ochr a'r llall.

- Ffriwch y cig yn gyflym mewn menyn ac olew poeth nes ei fod yn frown ar y ddwy ochr.

- Gweinwch â merllys *(asparagus)* a moron mewn menyn.

FFILED O STEC Â SAWS HUFEN

Cynhwysion
4 ffiled o gig eidion 175g/6 owns
4 sialotsen fach
olew olewydd
4 llwy ford o fwstard
3 chlof o arlleg wedi'u gwasgu
halen a phupur
8 llwy ford o frandi
275ml/hanner peint o hufen sengl
175g/6 owns o fadarch

Dull
- Torrwch y sialóts yn fân.

- Arllwyswch ychydig o olew mewn i badell drom. Cynheswch y badell a phan fydd yn dwym iawn ffriwch y cig (gweler isod). Rhowch y cig ar blât twym a'i gadw'n dwym mewn ffwrn isel.

- I wneud y saws: ychwanegwch y sialóts, y mwstard, y garlleg, y brandi a'r madarch i'r un badell â llond 4 llwy ford o ddŵr.

- Cynheswch i dymheredd berwi a'i leihau rhyw ychydig, yna arllwyswch yr hufen i mewn a dod â'r cyfan yn ôl i'r berw.

- Gweinwch y cig ar *croutons* ac arllwyswch ychydig o'r saws dros bob stecen.

- Gweinwch â salad ffres a thatws newydd.

> **TIP: Dyma'r amserau gorau i goginio'r stecen ar gyfer gwahanol chwaeth:**
> **Amrwd: dwy funud a hanner bob ochr.**
> **Canolig: tair munud a hanner bob ochr.**
> **Trwodd: chwe munud bob ochr.**

CASEROL NADOLIG SBEISLYD

Dyma gaserol blasus, yn ddelfrydol i'w rewi ar gyfer Gŵyl San Steffan neu Ddydd Calan.

Cynhwysion

450g/pwys o gig eidion stiwio
450g/pwys o gig carw *(venison)*
225g/8 owns o fricyll *(apricots)*
  parod-i-fwyta
115g/4 owns o ryfon *(raisins)*
225ml/8 owns hylif o sudd oren ffres
175ml/6 owns hylif o sieri sych **neu**
  win port

halen a phupur
450g/pwys o winwns bach
2 lwy ford o olew olewydd
2 lwy de o bimento/*allspice*
570ml/peint o stoc cig eidion
2 lwy ford o finegr mafon
1 llwy ford o siwgr Demerara
1 oren

Dull

- Torrwch y cig yn giwbiau a'u mwydo dros nos yn y sieri neu'r port.

- Drannoeth, straeniwch y cig gan gadw'r sieri neu'r port fel stoc. Cynheswch yr olew mewn padell fawr a ffriwch y cig i selio'r suddion hyfryd.

- Rhowch y cig mewn dysgl caserol.

- Ffriwch yr winwns yn y badell am 2 i 3 munud, ychwanegwch y rhyfon, y sbeis, y finegr, y siwgr, y stoc sieri a sudd a chroen yr oren.

- Dewch â nhw'n ôl i dymheredd berwi, arllwyswch y saws dros y cig, gorchuddiwch a'i goginio am ddwy awr ar dymheredd 180C/350F/ Nwy 4.

- Gweinwch â *couscous* a ffrwythau.

ANRHEGION ENA

HUFEN IÂ MEFUS

Dyma hufen iâ arbennig i'r haf, wedi'i wneud o fefus yn syth o'r ardd.

Cynhwysion

3 melyn wy	275ml/hanner peint o hufen dwbl
75g/3 owns o siwgr caster	450g/pwys o fefus
275ml/8 owns hylif o laeth	2 lwy de o flawd India corn *(cornflour)*

Dull

- Curwch y melyn wy, y siwgr a'r blawd India corn at ei gilydd nes eu bod yn wyn ac yn hufennaidd.

- Cynheswch y llaeth i bwynt mudferwi a'i arllwys dros y melyn wy a'r siwgr. Cymysgwch yn dda.

- Arllwyswch y cwstard i badell wedi'i rinso a chynheswch nes ei fod yn gadael haen ar gefn llwy.

- Arllwyswch i bowlen, gorchuddiwch â *clingfilm* a'i adael i oeri.

- Curwch yr hufen dwbl nes iddo dewhau, yna trowch i mewn i'r cwstard.

- Gwnewch *purée* o'r mefus, yna gwasgwch trwy ridyll er mwyn gwaredu'r hadau.

- Trowch y *purée* i mewn i'r cwstard. Arllwyswch i gynhwysydd rhewgell a'i roi yn y rhewgell am 2 i 3 awr. Tynnwch o'r rhewgell a'i bwno'n drylwyr er mwyn torri'r crisialau o iâ. Rhowch yn ôl yn y rhewgell am 2 i 3 awr.

- Os yw'r hufen iâ wedi bod yn y rhewgell am 24 awr, rhowch ef yn yr oergell am 15 munud cyn gweini.

TIP: os am roi'r hufen iâ fel anrheg, rhowch yr hufen iâ mewn bag oergell neu bapur newydd trwchus er mwyn ei gludo heb iddo ddadmer. Mae ruban ar y bocs a label wedi'i wneud â llaw yn gwneud yr anrheg yn fwy arbennig.

MAYONNAISE

Cynhwysion

1 wy cyfan **neu** 2 felyn wy
chwarter llwy de o fwstard sych
hanner llwy de o halen

1 i 2 lwy ford o finegr gwin **neu**
   sudd lemwn
275ml/hanner peint o olew olewydd
1 llwy ford o ddŵr berwedig

Dull mewn Blender

- Gan ddefnyddio blender, rhowch yr wy i mewn gyda'r mwstard, halen, finegr neu sudd lemwn, gan redeg y peiriant ar bŵer isel am tua 3 munud nes eu bod wedi cymysgu'n berffaith.

- Gan redeg y peiriant, ychwanegwch yr olew mewn llif araf, cyson, yna'r dŵr berwedig nes bod y mayonnaise wedi'i gymysgu'n berffaith.

Dull â Llaw

- I wneud y mayonnaise â llaw, dodwch bowlen fach ar liain er mwyn ei rhwystro rhag llithro.

- Rhowch y melyn wy yn y bowlen gyda'r mwstard, halen ac ychydig ddiferion o finegr neu sudd lemwn. Gan ddefnyddio chwisg gwifrau bychan, neu beiriant cymysgu-â-llaw, curwch yn drylwyr cyn ychwanegu'r olew.

- Parhewch i gymysgu a dechreuwch ychwanegu'r olew fesul diferyn o lwy de, gan barhau nes bod y saws yn tewhau a bod y gymysgedd wedi amsugno hanner yr olew.

- Ychwanegwch lond llwy de o finegr neu sudd lemwn, a chan barhau i gymysgu, ychwanegwch lif o olew i'r gymysgedd.

• Pan fydd yr holl olew wedi'i ddefnyddio, a'r mayonnaise yn drwchus, curwch y dŵr berwedig i mewn a defnyddiwch y finegr neu sudd lemwn sydd ar ôl i gael y blas yn gytbwys.

ANRHEG: Ceisiwch ddod o hyd i jariau anghyffredin mewn siopau cegin a siopau ail-law, ac addurnwch yn ôl eich dewis.

TIP: Dyma rai ryseitiau gwahanol i amrywio'r mathau o mayonnaise y gallwch eu gwneud:

• **MAYONNAISE *CHANTILLY***
Defnyddiwch sudd lemwn yn lle finegr, ac ychwanegwch lond 4 i 5 llwy ford o hufen dwbl wedi'i guro i mewn i'r mayonnaise.

• **SAWS *TARTARE***
Ychwanegwch lond llwy ford neu ddwy o *gherkins* wedi'u torri'n fân a *capers*, cennin syfi *(chives)* a phersli wedi'u torri'n fân.

• **SAWS *REMOULADE***
Ychwanegwch lond llwy de bob un o fwstard parod a saws *anchovies* i Saws *Tartare*.

• **SAWS COCTEL BWYD Y MÔR**
Cymysgwch lond 6 llwy ford wastad o mayonnaise â llond llwy ford bob un o *ketchup* tomatos a hufen wedi'i suro neu hufen dwbl, gan ychwanegu ychydig ddiferion o sudd lemwn a saws Caerwrangon *(Worcestershire Sauce)* yn ôl eich chwaeth.

• **MAYONNAISE GARLLEG**
Piliwch 2 glof o garlleg a'u curo'n bast mân a'u hychwanegu at y melyn wy wrth ddechrau mayonnaise a gymysgir â llaw. Nid yw'n addas ar gyfer mayonnaise wedi'i wneud mewn blender.

CRYNTSH FFRWYTHAU A SIOCLED

450g/pwys o siocled llaeth wedi'i dorri'n ddarnau
175g/6 owns o fenyn di-halen
275g/8 owns hylif o hufen dwbl
450g/pwys o fisgedi *Digestive*
115g/4 owns o ryfon *(raisins)*
115g/4 owns o gnau Ffrengig *(walnuts)*
115g/4 owns o geirios *glacé*

Dull

- Toddwch y siocled a'r menyn mewn basn dros badell o ddŵr sy'n mudferwi.

- Tynnwch o'r gwres, arllwyswch yr hufen i mewn a chymysgu'r cyfan yn dda.

- Trowch y bisgedi wedi'u torri, y rhyfon, y cnau a'r ceirios wedi'u torri yn eu hanner i mewn i'r gymysgedd.

- Arllwyswch y gymysgedd i mewn i dun *Swiss roll* wedi'i leinio â *clingfilm* a'i adael i galedu am 3-4 awr, yna ei dorri'n sgwarau bach; neu rhowch mewn casys *petit-four*s.

TIP: Mae'n well peidio â defnyddio'r meicrodon i doddi'r siocled, oherwydd gall y siocled losgi'n hawdd.

ANRHEG: Mae'r rhain yn ddelfrydol fel anrhegion Nadolig, wedi'u pacio mewn blwch bach pert â ruban arno. Os ych chi am eu rhoi'n anrhegion i oedolion, mae llond llwy ford o frandi yn y gymysgedd yn ychwanegiad hyfryd.

CEULED LEMWN *(LEMON CURD)*

Cynhwysion

6 lemwn

450g/pwys a dwy owns o siwgr caster

6 wy maint 3

175g/6 owns o fenyn di-halen

Dull

- Sgwriwch a sychwch y lemwns a gratio'r croen yn fân.

- Hanerwch y lemwns, gwasgwch y sudd allan a'i roi mewn powlen fawr gyda'r croen.

- Arllwyswch y siwgr i mewn i'r bowlen, curwch yr wyau'n drylwyr a'u hychwanegu i'r bowlen gyda'r menyn.

- Rhowch y bowlen dros badell o ddŵr yn mudferwi gan droi'r gymysgedd nes i'r siwgr doddi. Parhewch i'w goginio nes i'r gymysgedd dewhau'n ddigonol i orchuddio cefn llwy.

- Arllwyswch i mewn i jariau wedi'u berwi a'u sterileiddio, gorchuddiwch â chloriau papur cwyr a'u gadael i oeri cyn eu selio.

- Storiwch yn yr oergell am hyd at fis.

TIP: Cymysgwch 1 llwy ford o'r ceuled gyda 275ml/hanner peint o iogwrt naturiol plaen a'i rewi – delfrydol yn yr haf.

I wneud teisen sbwng lemwn arbennig, curwch 275ml/hanner peint o hufen dwbl ac ychwanegu 2 lwy ford o'r ceuled. Taenwch rhwng dau hanner y deisen.

ANRHEG: Dewiswch jar blaen i ddangos y lliw bendigedig, a gorchuddiwch y clawr â defnydd pert a ruban.

PELI RWM NADOLIG

Cynhwysion
75g/3 owns o fisgedi melys plaen
2 lwy ford o geirios *glacé* wedi'u torri'n fân
2 lwy ford o gnau cyll *(hazelnuts)* wedi'u torri'n fân
2 lwy ford o almwns wedi'u malu
2 lwy ford o ryfon *(raisins)* wedi'u torri'n fân
1 llwy ford o rwm **neu** frandi
ychydig ddiferion o rinflas *(essence)* fanila
50g/2 owns o fenyn
175g/6 owns o siocled tywyll
2 lwy ford o hufen dwbl trwchus
cnau neu *vermicelli* i orchuddio

Dull
- Toddwch y menyn a'r siocled gyda'i gilydd yn y meicrodon am 1 funud ar bŵer llawn neu mewn basn dros sosban o ddŵr.

- Rhowch y bisgedi wedi'u malu, y ceirios, y cnau, y rhyfon, y brandi (neu'r rwm) mewn powlen.

- Arllwyswch y siocled a'r hufen i mewn, a'u cymysgu'n dda. Gadewch i oeri yn yr oergell am hanner awr.

- Ffurfiwch 40 o beli bach o'r gymysgedd a'u dipio mewn cnau neu *vermicelli*.

ANRHEG: Dodwch y peli bach mewn casys papur pert mewn tun henffasiwn neu focs wedi'i addurno â phapur lapio a ruban.

BRIWFWYD *(MINCEMEAT)* Â BRANDI

Dyma rysáit hyfryd, ac ychydig yn wahanol i'r briwfwyd Nadolig arferol. Gewch chi syndod pa mor syml mae e i'w baratoi, a blas bendigedig arno.

Cynhwysion
250g/9 owns o fricyll *(apricots)*   ⎫ defnyddiwch ffrwythau
250g/9 owns o ellyg/pêr   ⎬ sych wedi'u mwydo
250g/9 owns o ddarnau afal   ⎬ dros nos
250g/9 owns o eirin gwlanog   ⎭
225g/8 owns o gnau Ffrengig *(walnuts)* wedi'u torri'n fân
225g/8 owns o siwgr Muscovado tywyll
2 lwy de o sbeis cymysg
175g/6 owns o fenyn wedi toddi
275ml/hanner peint o frandi

Dull
- Torrwch y ffrwythau'n fân a'u cymysgu â'r sbeis a'r cnau Ffrengig.

- Toddwch y menyn yn y meicrodon neu mewn basn dros sosban o ddŵr.

- Ychwanegwch y menyn wedi'i doddi at y ffrwythau ac arllwyswch y brandi i'r gymysgedd. Trowch yn drylwyr.

- Storiwch mewn jariau wedi'u sterileiddio am fis neu ddau.

> **TIP: Am bwdin arbennig, gwnewch bastai fawr neu barseli ffilo wedi'u llenwi â'r briwfwyd.**

ANRHEG: Addurnwch y jar yn bert yn ôl eich chwaeth.

PICLO

Dyma anrhegion arbennig i'ch ffrindiau a'ch teulu ar gyfer y Nadolig. Defnyddiwch jariau â chloriau lliwgar. Gallwch brynu'r rhain heb wario'n ormodol.

EIRIN GWLANOG/GELLYG (PÊR) WEDI'U PICLO
2kg/4 pwys o eirin gwlanog/gellyg (pêr)
570ml/peint o finegr sbeislyd gwyn

Dull
- Piliwch y ffrwythau yna eu haneru a'u chwarteru gan dynnu'r cerrig neu'r canol.
- Twymwch y finegr a photsiwch y ffrwythau ynddo am ddeng munud nes eu bod yn frau.
- Paciwch y ffrwythau'n dynn mewn gwydrau twym, glân.
- Berwch y sirop yn gyflym am 2 i 3 munud er mwyn ei leihau.
- Arllwyswch y sirop dros y ffrwythau. Seliwch ar unwaith.

WINWNS WEDI'U PICLO
1.35kg/3 phwys o winwns piclo bach
570ml/peint o finegr piclo sbeislyd

Dull
- Er mwyn gwneud yr winwns yn haws eu pilio, arllwyswch ddŵr berwedig drostynt a'u gadael i oeri. Maent yn llawer haws i'w glanhau wedyn.
- Ar ôl eu glanhau, gorchuddiwch yr winwns mewn halen am 24 awr, yna golchwch yr halen i ffwrdd. Paciwch mewn gwydrau glân a'u gorchuddio â finegr piclo oer.
- Seliwch a'u gadael am fis neu ddau. Os ych chi'n hwyr yn piclo, gallwch eu gadael am bythefnos yn unig, ond dim llai na hyn neu bydd dim blas arnynt!

WYAU WEDI'U PICLO

6 wy wedi'u berwi'n galed
570ml/peint o finegr sbeislyd gwyn
2 ddeilen lawryf *(bay leaf)*

Dull

- Rhowch yr wyau mewn jariau glân, arllwyswch y finegr drostynt ac ychwanegwch y dail llawryf.

- Seliwch yn syth a gadewch am o leiaf pythefnos cyn eu bwyta.

BRESYCH COCH SUR WEDI'U PICLO

1 fresychen goch fawr
1.8 litr/3 pheint o finegr sbeislyd

Dull

- Dewiswch fresychen galed, o liw llachar.

- Gwaredwch y dail allanol ac asennau'r canol.

- Torrwch y fresychen mewn stribedi mân a'u rhoi mewn haenau o halen mewn powlen fawr a'u gadael am 24 awr.

- Draeniwch a golchwch yr halen i ffwrdd. Paciwch y bresych yn rhydd mewn jariau, gorchuddiwch â finegr oer a'u selio.

- Gadewch am fis cyn eu bwyta.

BETYS *(BEETROOT)* WEDI'U PICLO

1.35k/3 phwys o fetys wedi'u coginio
570ml/peint o finegr sbeislyd gwyn

Dull

- Piliwch y betys a'u torri'n giwbiau bach neu'n dafelli.

- Paciwch mewn jariau a'u gorchuddio â finegr.

- Seliwch a gadewch am o leiaf pythefnos cyn eu bwyta.

- I roi blas arbennig ar y betys, torrwch winwnsyn bach coch i mewn i'r llysiau.

MARMALÊD TRIFFRWYTH

Does dim byd gwell na marmalêd cartref. Mae'n werth pob eiliad o'ch ymdrechion.

Cynhwysion
450g/pwys o orennau melys (2 oren)
450g/pwys o lemwns aeddfed (4 lemwn)
700g/pwys a hanner o rawnffrwyth rhuddem (2 ffrwyth)
2.7kg/7 pwys o siwgr jam â phectin
2.8 litr/5 peint o ddŵr

Dull
- Sgwriwch y ffrwythau a'u sychu'n dda.

- Gyda *zester* ffrwythau, tynnwch groen y ffrwythau i gyd. Mae defnyddio *zester* yn gwneud marmalêd mangroen.

- Os am farmalêd tewach, piliwch y ffrwythau a thorri'r pîl yn ôl eich chwaeth.

- Hanerwch y ffrwythau gan wasgu'r sudd allan. Rhowch yr hadau i gyd mewn darn o fwslin gydag ychydig o'r isgroen *(zest)*.

- Rhowch y croen, y sudd a'r dŵr oer i mewn i badell jam fawr, gyda'r hadau a'r isgroen yn y mwslin; cynheswch nhw i dymheredd berwi a'u berwi nes eu bod yn lleihau i hanner eu maint, gyda'r croen wedi'i goginio.

- Arllwyswch y siwgr i mewn yn araf a'i droi nes iddo doddi, yna berwch nes i'r gymysgedd gyrraedd cyflwr o ferwi'n gyson, heb dasgu, am hanner awr.

- I brofi cyflwr y jam arllwyswch ychydig i mewn i soser oer o'r oergell. Os yw e'n crychu ar yr wyneb dylai'r marmalêd setio'n iawn.

- Gadewch i'r marmalêd oeri ychydig yn y badell: mae hyn yn ei gwneud yn haws ei roi mewn potiau. Gwnewch yn siŵr bod y gwydrau'n berffaith lân ac yn sych. Gorchuddiwch â disgiau papur cwyr ac yna seloffen. Rhowch labeli ar y jariau a'u storio mewn lle oer am hyd at 6 mis.

HELGIG – GŴYDD, HWYADEN FFESANT, GALINI A CHIG CARW

GWLEDD GŴYDD Â LLENWAD O FRICYLL (APRICOTS)

Cynhwysion
gŵydd ddecpwys (4.5kg)
225g/8 owns o fricyll *(apricots)* parod-i-fwyta
sudd a chroen 1 lemwn
350g/12 owns o friwsion bara gwyn
2 winwnsyn wedi'u torri'n fân
2 afal coginio wedi'u torri'n fân
1 llwy ford o saets sych
1 llwy ford o bersli ffres
1 pupur melyn ac 1 pupur coch heb yr hadau ac wedi'u torri'n ddarnau
115g/4 owns o fenyn wedi'i doddi
croen oren
2 wy wedi'u curo

Dull
- Tynnwch fewnion ac asgwrn tynnu'r ŵydd *(wishbone)* a chadwch y mewnion.

- Torrwch y croen seimllyd o'r gwddf a phriciwch yr ŵydd drosti i gyd gyda fforc.

- Cymysgwch holl gynhwysion y llenwad a'u clymu â'r wy wedi'i guro. Defnyddiwch rywfaint o'r llenwad i lenwi'r gwddf, a'i glymu'n ysgafn.

- Rhowch weddill y llenwad ar ffoil gan wneud parsel o'r un siâp â'r ŵydd. Rhowch y parsel yng nghorff yr ŵydd, ac yna agorwch y ffoil fel bod y llenwad yn coginio ac yn rhoi blas i'r ŵydd.

- Taenwch halen ar yr ŵydd a'i rhoi ar rac gwifren dros dun rhostio. Coginiwch ar dymheredd 425F/220C/Nwy 7 am 40 munud, yna gostyngwch y gwres i 350F/180C/Nwy 4 am ddwy awr.

- Trosglwyddwch i blât ac addurnwch â grawnwin a mintys.

TERRINE HWYADEN A LLUGAERON *(CRANBERRIES)*

Cynhwysion
450g/pwys o ddarnau brest hwyaden heb esgyrn
450g/pwys o steciau porc
2 lwy ford o frandi
1 wy
hanner llond llwy de o nytmeg
75g/3 owns o friwsion bara gwyn
halen a phupur
175g/6 owns o lugaeron ffres
2 lwy ford o bersli

Dull
- Torrwch unrhyw fraster o'r hwyaden a'r porc.

- Torrwch y cig yn fân neu ei roi mewn prosesydd am ychydig o eiliadau.

- Trosglwyddwch i bowlen fawr a churwch y brandi, yr wy, y nytmeg a'r briwsion i mewn. Ychwanegwch halen a digonedd o bupur.

- Irwch a leiniwch dun torth 2 bwys.

- Gwasgwch hanner y gymysgedd i mewn i'r tun.

- Rhowch 125g/4 owns o'r llugaeron ar ben y gymysgedd, a rhowch weddill y cig ar ben hwnnw. Gwasgwch i lawr yn dda.

- Gorchuddiwch â ffoil a choginiwch am 2 awr ar dymheredd 325F/160C/ Nwy 3.

- Tynnwch o'r tun, addurnwch â llugaeron a gweinwch â thost bara gwenith.

BRESTIAU HWYADEN A SAWS AFALAU, EIRIN A MÊL

Cynhwysion
4 ffiled brest hwyaden
3 llwy ford o fêl clir
225g/8 owns o eirin cochion
150ml/chwarter peint o win
150ml/chwarter peint o sudd afal
halen a phupur

Dull

- Gan ddefnyddio cyllell siarp, sgoriwch groen y hwyaden. Rhwb-iwch â halen a phupur.

- Twymwch badell ffrio drom. Rhowch y brestiau hwyaden, ochr y croen i lawr, dros wres canolig; coginiwch am 7 i 8 munud, trowch yr hwyaden a'i choginio am 3 i 4 munud arall.

- Dylai'r hwyaden fod yn binc y tu mewn ond os yw'n well gen-nych chi cewch ei choginio am fwy o amser.

- Trosglwyddwch yr hwyaden i blât a'i chadw'n dwym. Tynnwch y saim i gyd o'r badell, ychwanegwch y gwin, y sudd afal, yr eirin a'r halen a phupur i'w flasu, a dewch â'r cyfan i'r berw er mwyn eu lleihau rhyw ychydig.

- Arllwyswch y saws o gwmpas y brestiau hwyaden ar blât mawr ac addurnwch â berw dŵr.

- Gweinwch â chymysgedd o lysiau gwanwyn wedi'u troi-ffrio a chiwbiau tatws wedi'u coginio mewn menyn ac olew.

GALINI *(GUINEA FOWL)* Â GRAWNWIN A GWIN MADEIRA

Cynhwysion

2 galini oddi ar yr asgwrn
2 sialotsen wedi'u torri'n fân
50g/2 owns o fenyn
1 llwy ford o olew olewydd
2 oren
175ml/hanner peint o win Madeira
570ml/peint o stoc cyw iâr neu lysiau

350g/12 owns o rawnwin di-hadau
40g/owns a hanner o flawd India
corn *(cornflour)*
2 lwy ford o bersli wedi'i
dorri'n fân
1 tun 225g/8 owns o gastanau
dŵr *(water chestnuts)*

Dull

- Torrwch bob aderyn yn bedair rhan – 2 frest a 2 goes.
- Cynheswch yr olew a'r menyn a ffriwch y darnau cig nes iddynt droi'n frown ar bob ochr.
- Symudwch nhw i ddysgl caserol.
- Glanhewch a ffriwch y sialóts nes eu bod yn feddal.
- Ychwanegwch groen a sudd yr oren, y gwin, y stoc a'r halen a phupur a berwch yn ysgafn.
- Arllwyswch y saws dros y cig a rhowch yn y ffwrn am awr ar dymheredd 180C/350F/Nwy 4.
- Ychwanegwch y grawnwin a'r castanau a choginiwch am 15 munud arall.
- Tynnwch o'r ffwrn a rhoi'r cig ar blât. Tewhewch y saws â'r blawd India corn wedi'i gymysgu â dŵr.
- Arllwyswch y saws dros y cig ac addurno'r cyfan â phersli wedi'i dorri'n fân.

TIP: Mae hwn yn ardderchog gyda thatws rhost a phannas, a brocoli wedi'i stemio.

FFESANT NADOLIG

Dyma saig ddelfrydol i'w rhewi ar gyfer y Nadolig.

Cynhwysion

pâr o ffesantod yn barod i'r ffwrn
225g/8 owns o facwn brith *(streaky)*
225g/8 owns o winwns bach
halen a phupur
ychydig o olew olewydd
50g/2 owns o fenyn
2 glof o arlleg wedi'u gwasgu
270ml/10 owns hylif o win
   Madeira
570ml/peint o stoc cennin
1 llwy de o berlysiau cymysg

8 o aeron merywen
   (juniper berries)
1 oren
270 ml/hanner peint o
   jeli cwrens coch
225g/8 owns o lugaeron
   (cranberries) ffres
225g/8 owns o gastanau
   (chestnuts) wedi'u coginio
1 llwy ford o flawd
India corn *(cornflour)*

Dull

- Torrwch y ddwy ffesant yn bedwar darn yr un, gan daflu'r asgwrn cefn a'r cymalau caled.

- Cynheswch yr olew a'r menyn mewn padell ffrio fawr, a rhowch y darnau o ffesant i mewn a'u ffrio nes bod y cig wedi selio ar y ddwy ochr. Symudwch nhw i ddysgl caserol.

- Yn yr un badell ffrio, rhowch yr winwns, yr aeron merywen, y garlleg a'r cig moch, ffriwch am 2 i 3 munud, a'u symud i'r ddysgl caserol.

- Ychwanegwch y gwin, y stoc, y perlysiau a chroen a sudd yr oren. Codwch i dymheredd berwi yna arllwyswch i'r caserol.

- Gorchuddiwch a'i goginio am awr ar 180C/350F/Nwy 4.

- Ychwanegwch y castanau, y llugaeron a'r jeli cwrens coch i'r ddysgl caserol a choginiwch am hanner awr arall nes bod y ffesant yn frau.

- Trosglwyddwch y ffesant i blât, ac os oes angen, tewhewch y saws eto gydag ychydig o flawd India corn a dŵr.

SELSIG CIG CARW A FFRIAD PUPUR

Mae selsig cig carw yn hynod o flasus ac yn rhoi ansawdd sawrus hyfryd i'r pryd hwn.

Cynhwysion

8 selsigen cig carw	2 goes o seleri
225g/8 owns o gig moch wedi'i fygu	1 pupur gwyrdd
2 lwy ford o olew olewydd	1 pupur coch
2 winwnsyn	2 afal coch
225g/8 owns o fadarch botwm	275ml/hanner peint o win coch

Dull

- Torrwch yr winwns yn gylchoedd. Sychwch y madarch gyda lliain tamp.

- Tynnwch yr hadau o'r ddau bupur a thorrwch nhw'n ddarnau mân.

- Torrwch y seleri a'r afalau yn dafelli (y maint yn dibynnu ar eich chwaeth).

- Twymwch yr olew mewn padell ffrio fawr.

- Ychwanegwch y selsig, y cig moch a'r winwns a choginiwch nes bod y selsig yn frown.

- Arllwyswch unrhyw fraster gormodol o'r badell, ac ychwanegwch y seleri, y madarch, yr afalau a'r ddau bupur.

- Coginiwch am tua 5 munud, ychwanegwch y gwin a mudferwch am 10 munud arall.

- Addurnwch â phersli, a gweinwch gyda reis, pasta neu datws.

BARA
A
THEISENNAU

BARA GWYN NEU FROWN SYLFAENOL

Does dim sy'n fwy blasus a iachus na bara cartref. Mae aroglau bara'n pobi yn y tŷ'n tynnu'r dŵr o'ch dannedd.

Cynhwysion
900g/2 bwys o flawd cryf plaen neu flawd grawn cyflawn
1 llwy de o halen
1 llwy de o siwgr caster
30g/owns o furum ffres neu becyn o furum sych hawdd ei flendio
1 llwy ford o olew olewydd
570ml/peint (amcangyfrif) o ddŵr claear
1 wy wedi'i bwno neu laeth i roi sglein i'r crwstyn
braster gwyn i iro
hadau *sesame*

Dull
- Rhowch y blawd a'r halen mewn powlen fawr dwym.

- Cymysgwch y burum ffres gyda llond llwy de o siwgr. Gwnewch bant yn y blawd ac arllwyswch yr olew, y burum a'r dŵr i mewn (o bosib bydd angen mwy o ddŵr os yn defnyddio blawd grawn cyflawn).

- Tylinwch yn drylwyr i ffurfio toes meddal ond cryf gan ddefnyddio blawd ychwanegol i ddyrnu. Tylinwch am tua 5 munud i wneud yn siŵr bod y burum wedi'i wasgaru'n gyson trwy'r toes.

- Gorchuddiwch y bowlen â lliain neu rhowch y bowlen mewn cwdyn plastig a gadael i'r toes godi am hanner awr. Tylinwch y toes unwaith eto nes ei fod yn llyfn ac yn hyblyg. Hanerwch i wneud dwy dorth.

- Rhowch mewn tuniau neu ffurfiau o'ch dewis sydd wedi'u hiro'n dda. Gadewch mewn lle twym i godi nes bod y toes wedi codi rhyw ychydig uwchben top y tuniau.

- Brwsiwch â llaeth neu wy a thaenwch hadau *sesame* ar y top.

- Pobwch y bara mewn ffwrn boeth am tua 20-25 funud ar dymheredd 220C/425F/Nwy 7.

- I weld a yw'r bara'n barod, tynnwch y dorth o'r tun a churwch y gwaelod. Os yw'n barod, dylai roi sŵn cou (*hollow*). Os nad yw e, rhowch yn ôl yn y ffwrn heb y tun am bum munud arall.

BARA CIG MOCH A PHERLYSIAU

Cynhwysion
225g/8 owns o flawd codi
halen a phupur
1 llwy de o berlysiau cymysg
1 wy wedi'i bwno
120ml/8 llwy ford o laeth
115g/4 owns o gig moch brith (*streaky*)
50g/2 owns o fenyn
braster gwyn i iro

Dull
- Rhowch y blawd mewn powlen gyda'r halen a phupur. Rhwb-iwch y menyn i mewn. Ychwanegwch y perlysiau a'r cig moch wedi'i goginio.

- Curwch yr wyau a'r llaeth gyda'i gilydd a chymysgwch i ffurfio toes meddal.

- Trowch y toes allan ar fwrdd â haenen o flawd arno a thylinwch yn ysgafn i ffurfio siâp crwn.

- Rhowch y toes mewn tun torth wedi'i iro â braster gwyn. Marc-iwch mewn 6 rhan. Pobwch am 10-15 munud ar dymheredd 230C/450F/Nwy 8.

- I'w fwyta'n dwym neu'n oer.

CRWST PWFF

Cynhwysion
450g/pwys o flawd cryf
225g/8 owns o farjarîn neu fenyn
225g/8 owns o fraster llysieuol gwyn
sudd 1 lemwn wedi'i wneud i fyny â dŵr i 330ml/10 owns hylif

Dull
- Rhowch y blawd mewn powlen fawr.

- Cymysgwch y menyn a'r braster gyda'i gilydd.

- Rhowch y menyn a'r braster i mewn i'r blawd mewn darnau o faint cneuen Ffrengig *(walnut)*. Gan ddefnyddio'ch dwylo, gor-chuddiwch y lympiau'n ysgafn â blawd.

- Arllwyswch y dŵr oer a'r sudd lemwn drosto. Defnyddiwch gyllell balet neu'ch llaw i'w glymu at ei gilydd yn ysgafn.

- Gan ddefnyddio digonedd o flawd, rholiwch i siâp hirsgwar, plygwch y pen agosaf atoch chi i mewn i'r canol a'r pen pellach i ffwrdd drosto. Gwasgwch yr ochrau i lawr yn dda. Trowch y toes o gwmpas a'i blygu i'ch de. Gwnewch yr un peth bedair gwaith, a gadewch i oeri am ychydig o oriau.

- Defnyddiwch yn ôl yr angen i wneud pastai felys neu sawrus, cyrn hufen neu basteiod cornbîff a rholiau selsig.

- Coginiwch ar dymheredd 200C/400F/Nwy 7 am 15-20 munud gan ddibynnu ar ei gynnwys.

SLEISIAU HUFEN A MEFUS

Cynhwysion
450g/pwys does crwst pwff
570ml/peint o hufen dwbl wedi'i guro
450g/pwys o fefus
siwgr eisin

Dull
- Torrwch y toes yn ei hanner.

- Rholiwch y naill hanner a'r llall i siapiau 8 modfedd o hyd wrth 4 modfedd o led. Rhowch mewn tun fflan, gan ddefnyddio cyllell siarp i farcio'r toes yn bedair rhan. Bydd hynny'n ei gwneud yn haws i'w dorri ar ôl pobi.

- Pobwch y toes mewn ffwrn boeth 200C/400F/Nwy 7 am 15-20 munud. Dylai fod yn euraidd ac wedi codi.

- Rhowch ddwy sleisen o grwst at ei gilydd gyda hufen a mefus yn y canol.

- Sgeintiwch â siwgr eisin ac addurnwch â sprigyn o fintys.

SGONIAU MELYS: CYMYSGEDD SYLFAENOL

Cynhwysion

Y Sgoniau
225g/8 owns o flawd codi
1 llwy de o bowdr pobi
50g/2 owns o siwgr caster
50g/2 owns o fenyn
150ml/chwarter peint o laeth
1 wy wedi'i bwno neu laeth i roi sglein

Y Llenwad
275ml/hanner peint o hufen dwbl
225g/8 owns o fafon

Dull
- Hidlwch y blawd a'r powdr pobi i mewn i bowlen fawr.

- Rhwbiwch y menyn i mewn i wneud y blawd yn debyg i friwsion bara.

- Ychwanegwch y siwgr, a chymysgwch yn does meddal, cryf gyda'r llaeth. Pwnwch yn ysgafn a rholiwch i drwch o dri-chwarter modfedd (2cm) cyn ei dorri'n siapiau crwn.

- Rhowch ar dun pobi wedi'i iro a choginiwch am 10-15 munud ar dymheredd 200C/400F/Nwy 7.

- Pan fyddant yn barod ac wedi oeri, torrwch y sgoniau yn eu hanner a llenwch â hufen a mafon.

> **TIP: Dyma ychydig o syniadau i chi i amrywio'r rysáit sylfaenol. Paratowch y gymysgedd fel uchod ac ychwanegwch y cynhwysion ar dud. 97.**

SGONIAU BRICYLL *(APRICOTS)* A CHNAU FFRENGIG *(WALNUTS)*

Cymysgedd sgoniau sylfaenol   50g/2 owns o gnau Ffrengig
50g/2 owns o fricyll parod-i-fwyta

SGONIAU CEIRIOS

Cymysgedd sgoniau sylfaenol   50g/2 owns o geirios wedi'u torri'n fân

SGONIAU SAWRUS: CYMYSGEDD SYLFAENOL

Cynhwysion
225g/8 owns o flawd codi
1 llwy de o bowdr pobi
hanner llwy de o halen
hanner llwy de o sudd lemwn
150ml/chwarter peint o laeth neu laeth enwyn
50g/2 owns o fenyn

Dull
- Hidlwch y blawd, yr halen a'r powdr pobi i mewn i bowlen fawr.

- Rhwbiwch y menyn i mewn i wneud y blawd yn debyg i friwsion bara.

- Cymysgwch yn does meddal, cryf gyda'r llaeth a'r sudd lemwn. Pwnwch yn ysgafn a rholiwch i drwch o dri-chwarter modfedd (2cm) cyn ei dorri'n siapiau crwn neu ffurfio un sgon fawr.

- Pobwch am 10-15 munud ar dymheredd 200C/400F/Nwy 7.

PIZZA

Mae pizza yn tarddu o'r Eidal, lle byddai'r menywod yn gwneud bara, ac yn cadw tamaid o'r toes a gwneud siâp crwn ohono, gan roi tameidiau o domatos, caws ac winwns arno cyn ei grasu yn y ffwrn.

Mae pizza heddiw'n fwy soffistigedig, a gall fod yn brif gwrs yn ogystal â thamaid i aros pryd.

Toes Pizza Sylfaenol
225g/8 owns o flawd plaen cryf
hanner llond llwy de o halen
pecyn o furum hawdd **neu** 25g/hanner owns o furum ffres
3 llwy ford o olew olewydd
dŵr claear

Saws Tomato Sylfaenol
1 tun 400g/14 owns o domatos wedi'u torri'n fân
1 winwnsyn wedi'i dorri'n fân
2 lwy ford o *purée* tomato
1 clof o arlleg wedi'i wasgu
1 llwy de o berlysiau cymysg
1 gwydraid o win gwyn

Dull
- Rhowch y blawd, yr halen a'r burum mewn powlen. Ychwanegwch 2 lwy ford o olew olewydd a thua 6 owns hylif o ddŵr claear i ffurfio toes meddal ond heb fod yn rhy wlyb.

- Trowch allan ar arwyneb â haenen o flawd arno, a'i bwno.

- Rholiwch i wneud siâp crwn 10" (26cm), a rhowch ar dun pobi wedi'i iro.

- Gorchuddiwch a'i adael i godi tra'n gwneud y topin. Pan fydd y toes wedi codi, brwsiwch ag olew a thaenwch y topin ar ei ben. Pobwch mewn ffwrn boeth ar dymheredd 220C/425F/Nwy 7 am 15-20 munud.

- I wneud y topin, dodwch yr holl gynhwysion at ei gilydd mewn sosban a'u berwi'n gyflym am 10 munud. Taenwch ar ben y toes.

TIP: Gallwch fod mor draddodiadol neu mor anturus ag y dewiswch chi wrth ddewis topins i fynd ar eich pizza. Dyma ambell syniad.

HAM CAERFYRDDIN, CENNIN A GRAWNWIN
1 tun 400g/14 owns o domatos wedi'u torri'n fân
225g/8 owns o gaws Mozzarella
450g/pwys o ham Caerfyrddin
2 genhinen fach
175g/6 owns o rawnwin heb hadau
1 llwy de o berlysiau cymysg
1 gwydraid o win gwyn
1 clof o arlleg wedi'i wasgu

LLYSIEUOL
1 tun 200g/7 owns o domatos
hanner winwnsyn wedi'i dorri'n fân
1 llwy de o *purée* tomato
1 clof o arlleg wedi'i wasgu
175g/6 owns o fadarch
175g/6 owns o frocoli wedi'i dorri'n ddarnau
175g/6 owns o gaws Cheddar

BWYD Y MÔR

saws tomato sylfaenol
1 tun bach o diwna
150ml/chwarter peint o gocos
neu 125g/ 4 owns o gorgimwch *(prawns)*
2 lwy ford o olew olewydd
1 clof o arlleg wedi'i wasgu
1 clwstwr o sibwns
225g/8 owns o saws coctel bwyd môr
2 lwy ford o bersli ffres

SALAMI A PHINAFAL

saws tomato sylfaenol
cymysgedd 175g/6 owns o salami mewn tafelli
50g/2 owns o ham *Parma*
175g/6 owns o gaws *Parmesan*
225g/8 owns o binafal ffres wedi'i dorri'n ddarnau

PICE BACH ENA

Cynhwysion
225g/8 owns o flawd codi
115g/4 owns o fenyn
115g/4 owns o siwgr caster
1llwy de o rinflas *(essence)* fanila
2 wy
diferyn o laeth
85g/3 owns o syltanas

Dull
- Rhwbiwch y menyn i mewn i'r blawd nes iddo edrych fel briwsion bara mân. Ychwanegwch y siwgr a'r syltanas.

- Curwch yr wyau a'u hychwanegu at y briwsion gyda'r rhinflas fanila a'r llaeth i ffurfio toes meddal, cryf.

- Rhowch flawd ar y toes a'i rolio i drwch o chwarter modfedd (1cm); torrwch yn ddarnau crwn 2" (5cm) a'u coginio ar lechwan *(griddle)* poeth am 2 neu 3 munud bob ochr.

TARTEN AFALAU WAHANOL

Dyma darten flasus gyda blas almwn i'w gwneud ychydig bach yn anghyffredin.

Cynhwysion

Y Crwst
225g/8 owns o flawd codi
115g/4 owns o fraster gwyn
50g/2 owns o siwgr caster
1 melyn wy
ychydig o ddŵr i glymu'r gymysgedd

Y Llenwad
450g/pwys o afalau coginio wedi'u pilio a'u torri'n fân
1 llwy de o sudd lemwn
1 llwy ford o jam bricyll *(apricots)*
50g/2 owns o almwns wedi'u malu
chwarter llwy de o sbeis
115g/4 owns o siwgr caster

Dull
- Rhwbiwch y braster i mewn i'r blawd.
- Ychwanegwch y siwgr a chymysgwch yn dda.
- Clymwch gyda'r melyn wy a 2 i 3 llwy ford o ddŵr oer.
- Rhannwch y toes yn ddau, a rholiwch un hanner allan i orchuddio plât ffwrn wyth modfedd (21cm).
- Cymysgwch gynhwysion y llenwad a'u taenu dros y toes. Rholiwch weddill y toes i'r un maint, a'i osod ar ben yr afalau.
- Seliwch yr ymylon a thorrwch unrhyw ddarnau o does sy'n dod dros ymyl y plât ffwrn.
- Brwsiwch â gwynwy a sgeintiwch ychydig o siwgr dros y darten.
- Pobwch am 20-25 munud ar 400F/200C/Nwy 7.

PWDINAU

RHOLYN SIOCLED Y GOEDWIG DDU

Cynhwysion

Y Sbwng

3 wy

75g/3 owns o siwgr caster

75g/3 owns o flawd codi

1 llwy ford o bowdr siocled

Y Llenwad

1 tun 450g/pwys o geirios duon

2 lwy de o arorwt

275ml/hanner peint o hufen dwbl wedi'i guro

3 llwy ford o frandi

siwgr eisin

50g/2 owns o gyrliau siocled

Dull

- Curwch yr wyau a'r siwgr nes eu bod yn drwchus. Cymysgwch y blawd a'r powdr siocled i mewn.

- Arllwyswch i dun *Swiss roll* wedi'i leinio â phapur saim.

- Coginiwch am 15 munud ar 180C/350C/Nwy 5.

- Taenwch siwgr ar liain te gwlyb a throwch y deisen allan arno. Tynnwch y papur leinio i ffwrdd.

- Rhowch ddarn o bapur saim glân wedi'i iro ar ben y deisen a'i rolio i fyny'n ofalus gyda'r papur rhwng yr haenau. Gadewch i oeri.

- I baratoi'r llenwad: draeniwch y ceirios, gan gadw chwarter peint o'r sirop.

- Rhowch y sirop mewn sosban ac ychwanegwch yr arorwt a'u codi i dymheredd berwi. Cadwch wyth ceiriosen gyfan yn ôl ac ychwanegwch y gweddill a'u troi yn y sirop sydd wedi tewhau.

- Dadroliwch y deisen yn ofalus ac arllwyswch y brandi drosti.

- Taenwch hanner yr hufen dros y deisen, yna gwasgarwch y gymysgedd ceirios dros yr hufen.

- Rholiwch y deisen i fyny'n ofalus ac addurnwch â'r hufen, y ceirios a'r siocled wedi'i ratio.

TEISEN *MERINGUE* Â SAWS MAFON

Mae mafon ymhlith fy hoff ffrwythau, a beth allai fod yn well yn yr haf na meringue a mafon?

Cynhwysion

Y Meringue
4 gwyn wy
225g/8 owns o siwgr caster euraidd
115g/4 owns o gnau cyll *(hazelnuts)* wedi'u malu

Y Llenwad
275ml/hanner peint o hufen dwbl
croen lemwn
450g/pwys o fafon
1 llwy ford o geuled lemwn *(lemon curd)*

Dull

- Curwch wyn yr wyau nes eu bod yn stiff.

- Ychwanegwch y siwgr yn raddol gan guro nes yn stiff ac yn sgleinio, yna ychwanegwch y cnau cyll.

- Irwch a leiniwch ddau dun cacen 8" (21cm) a rhannwch y gymysgedd rhyngddynt. Pobwch y *meringue* am tua awr a hanner ar dymheredd 170C/ 325F/Nwy 3.

- Pan yn barod, oerwch ar rac gwifren.

- I baratoi'r llenwad: curwch yr hufen, ychwanegwch y ceuled lemwn a'r croen lemwn. Rhowch y gymysgedd ar ben un darn o *meringue* a'r darn arall ar ben hwnnw.

- Rhowch y mafon mewn prosesydd am funud neu ddwy (gan gadw ychydig i addurno), wedyn rhowch nhw drwy ridyll a thaenu'r sudd o gwmpas y *meringue*.

- Sgeintiwch siwgr eisin dros y cyfan ac addurnwch ag ychydig o fafon.

PWDIN BRICYLL SIOCLED

Daeth y syniad am y pwdin hwn rhyw ddydd Sul pan ges i alwad ffôn i ddweud bod fy merch-yng-nghyfraith yn dod i ginio, gyda dwy ffrind o Barnsley, a phedwar o fabanod gyda nhw. Edryches i yng nghwpwrdd y gegin am bosibiliadau ar gyfer pwdin. Wel, roedd gen i dun o lenwad pwdin bricyll a lwmp o siocled blasus, felly bant â ni, te!

Cynhwysion
175g/6 owns o fenyn meddal
175g/6 owns o siwgr caster
3 wy
175g/6 owns o flawd codi
1 llwy de o bowdr pobi
50g/2 owns o almwns wedi'u malu
25g/owns o goco
ychydig ddiferion o rinflas *(essence)* almwn
1 tun 400g/14 owns o lenwad bricyll *(apricot pie filling)*

Dull
- Hufenwch y menyn, y siwgr a'r wyau mewn powlen fawr a'u curo nes yn ysgafn.
- Ychwanegwch y blawd wedi'i hidlo, y powdr pobi a'r coco ynghyd â'r almwn a'r rhinflas, gan ddefnyddio llwy fetel i gadw'r gymysgedd yn ysgafn.
- Irwch dun ffwrn 8" (21cm) neu dun 2 beint (1.2 litr). Rhowch hanner y gymysgedd yn y gwaelod, a thaenwch y llenwad bricyll ar ben hynny, yna rhowch weddill y deisen drosto.
- Pobwch am 40 munud ar dymheredd 180C/350F/Nwy 4.

> **TIP: Gweinwch â saws siocled hyfryd: 225g/8 owns o siocled o ansawdd dda, a pheint o hufen dwbl. Rhowch mewn sosban a'u cynhesu'n araf nes bod y siocled wedi toddi a chymysgu drwy'r hufen.**

TARTEN MEFUS FFILO

Tarten flasus, ysgafn ar gyfer yr haf ac yn hawdd iawn ei gwneud hyd yn oed i'r sawl sy'n methu gwneud crwst!

Cynhwysion
6 tafell o does ffilo
50g/2 owns o fenyn
450g/pwys o geuled lemwn
275ml/hanner peint o hufen dwbl
pecyn o jeli mefus
450g/pwys o fefus

plât tarten 9 modfedd (23 cm) ar gyfer y ffwrn

Dull

- Irwch y plât yn dda â menyn. Codwch un dafell o does ffilo ar y plât, gan adael i'r ymylon orlapio. Brwsiwch â menyn wedi'i doddi, a gwnewch yr un peth eto nes bod y chwe darn ar y plât.

- Pinsiwch y ffilo i wneud ymyl i'r darten, a'i brwsio gyda'r menyn sydd ar ôl. Leiniwch y ffilo â ffoil a'u llenwi â ffa pobi. Craswch yn ddall am ddeng munud ar dymheredd 375F/190F/Nwy 5 nes bod y ffilo'n euraidd ac yn grimp (*crisp*).

- Tynnwch y ffoil a'r ffa i ffwrdd.

- Toddwch y jeli gyda hanner peint o ddŵr berwedig, a'i adael i hanner-setio.

- Rhowch y ceuled lemwn yn y darten. Curwch yr hufen nes ei fod yn drwchus, yna'i daenu dros y ceuled.

- Rhowch fefus wedi'u sleisio ar ben y darten, gan gadw rhai i addurno.

- Arllwyswch y jeli dros y mefus a gadewch i galedu. Addurnwch â gweddill y mefus.

PWDIN NADOLIG SIOCLED I'R PLANT

Bydd y plant yn mwynhau'r pwdin hyfryd hwn.

Cynhwysion
450g/pwys o siocled llaeth
425ml/tri chwarter peint o hufen dwbl
115g/4 owns o geirios lliwgar wedi'u torri'n fân
115g/4 owns o gnau Ffrengig *(walnuts)* wedi'u torri'n fân
50g/2 owns o gwrens
50g/2 owns o syltanas
50g/2 owns o ryfon *(raisins)*
50g/2 owns o almwns wedi'u malu
225g/8 owns o siocled gwyn

Dull
- Curwch yr hufen nes iddo dewhau rhyw ychydig.

- Toddwch y siocled yn raddol mewn powlen dros ddŵr twym.

- Ychwanegwch y cynhwysion sych a'r siocled wedi'i doddi at yr hufen a chymysgwch yn araf. Arllwyswch i fasn 2 bwys (900g) a'i rewi nes bod ei angen.

- Fore dydd Nadolig tynnwch y pwdin o'r rhewgell; bydd yn meddalu rhyw ychydig erbyn amser cinio. Toddwch y siocled gwyn mewn powlen dros ddŵr poeth a'i arllwys dros y pwdin siocled.

- Addurnwch â cheirios ac *angelica* neu sprigyn o gelyn.

PWDIN TRIOG

Cynhwysion
Y Pwdin
115g/4 owns o syltanas – mwydwch nhw mewn sudd oren dros nos
60ml/owns hylif o sudd oren
115g/4 owns o fenyn
60g/2 owns o siwgr caster euraidd
2 wy maint 2
115g/4 owns o sirop aur wedi'i dwymo
175g/6 owns o flawd codi
115g/4 owns o friwsion bara brown ffres

dysgl ffwrn neu dun 7 i 8 modfedd (18-21cm) wedi'i iro a'i leinio

Y Sirop
225g/8 owns o sirop aur
sudd a chroen 1 oren
1 llwy de o arorwt

Dull

- Hufenwch y menyn a'r siwgr nes eu bod yn ysgafn. Curwch yr wyau i mewn, un ar y tro, a churwch y sirop, wedi'i dwymo, i mewn.

- Plygwch y blawd, y briwsion bara, y syltanas a'r sudd oren i mewn. Arllwyswch i'r tun/dysgl a choginio am 50-60 munud ar dymheredd 350F/180C/Nwy 4.

- I baratoi'r saws: rhowch y sirop, yr arorwt a'r sudd oren mewn sosban a dewch â'r gymysgedd i fyny at dymheredd berwi, gan ei droi nes iddo dewhau.

- Gweinwch y pwdin gyda'r saws a *crème fraîche.*

TIRAMISÙ ENA

Cynhwysion
570ml/peint o gwstard parod
225g/8 owns o *mascarpone* **neu**
225g/8 owns o *crème fraîche*
1 tun 400g/14 owns o lenwad pastai ceirios duon
4 llwy ford o frandi
4 llwy ford o goffi cryf
6 sbwng treiffl neu fysedd sbwng
115g/4 owns o siocled wedi'i ratio

Dull

- Cymysgwch y *mascarpone* a'r cwstard neu'r *crème fraîche* gyda'i gilydd.

- Torrwch y sbyngau yn eu hanner, a throchwch nhw yn y coffi.

- Leiniwch bowlen wydr â'r sbyngau coffi a thaenwch frandi drostynt.

- Arllwyswch hanner y llenwad ceirios dros y sbwng ac yna hanner y cwstard. Gwnewch yr un peth unwaith eto gan orffen gyda haenen o gwstard.

- Yn olaf, taenwch y *mascarpone* neu'r *crème fraîche* ar ben y cyfan a'i addurno â'r siocled wedi'i ratio.

- Oerwch am awr neu ddwy cyn gweini.

> **TIP: Mae gwydrau unigol yn fwy deniadol ac yn haws eu gweini.**

111